lonely planet

# DE CERCA
# MIAMI



Jesse Scott

# Sumario

Arriba: caseta de socorrista,
South Beach (p. 44).
Abajo: hoteles, Ocean Drive (p. 43).

## Puesta a punto 4

DESDE ARRIBA A LA IZDA.: IGOR LINK/SHUTTERSTOCK, MARIAKRAY/SHUTTERSTOCK

## ★ Imprescindible

# El viaje empieza aquí

Crecí en Fredericksburg (Virginia), pero cada año iba con mi familia al sur de Florida por Navidad. Mis padres conducían 15 h seguidas hasta la casa de mi abuelo en Fort Lauderdale, un lugar que quería mucho por la calidez de la familia, el sol y las aventuras interminables. La influencia de mi abuelo y mis recuerdos de infancia ayudaron mucho para que mi esposa y yo nos trasladáramos al sur de Florida hace casi diez años. Como periodista, he explorado Miami y sus alrededores para varios medios de comunicación. Mis descubrimientos forman una carta de amor aún por terminar a esta región tan vital, diversa y culinariamente rica.

**Jesse Scott**

*@jesserobertscott*

Jesse es un periodista afincado en el sur de Florida que lleva más de 20 años escribiendo sobre gastronomía, espectáculos, cultura y viajes.

LAZYLLAMA/SHUTTERSTOCK ©

LO MEJOR

# Playas

Las playas de Miami siempre tientan: más frescas en invierno, achicharrantes en verano, son un reclamo constante, el plácido latido de la ciudad, con maravillas arquitectónicas que enmarcan las vistas al mar. Hasta los visitantes más de secano terminarán rendidos a ellas.

Observar a la gente en **South Beach,** con amaneceres esplendorosos y coloridas casetas de socorrista que conforman un lienzo único. (p. 44)

Tomar el sol con o sin ropa y ver las embarcaciones en el **Haulover Beach Park**, en el extremo norte de Miami Beach. (p. 44; foto)

Adentrarse en los senderos naturales o quedarse en la arena del **Crandon Park** en Cayo Vizcaíno, un tranquilo contrapunto a la frenética energía de Miami muy de agradecer. (p. 140; foto)

Relajarse en **North Beach,** una franja de curiosas playas ideales para disfrutar en familia. (p. 44)

Sentarse en una apacible playa del **Virginia Key Beach North Point Park** para ver algún manatí y coloridos pájaros. (p. 140)

**Dcha.: caseta de socorrista, South Beach (p. 44).**

LO MEJOR

# Actividades acuáticas

Miami ofrece innumerables actividades acuáticas: remar en kayak por los manglares, bucear en arrecifes llenos de vida o navegar por la bahía Vizcaína. Los aficionados al surf de remo, a la pesca y al submarinismo tampoco se sentirán defraudados. Las mareas siempre traen algo para todo el mundo.

Estar en remojo todo el día en la **Venetian Pool,** en Coral Gables, una antigua cantera reconvertida en piscina, con cuevas y formaciones rocosas. (p. 122)

---

Contemplar el vuelo de las águilas durante una excursión en barco hasta la isla con manglares del **Oleta River State Park.** (p. 46; foto)

---

Remar en kayak por los manglares del **Everglades National Park** (p. 134) mientras se avistan águilas pescadoras, pigargos americanos, tortugas bobas y garzas azuladas.

---

Zarpar en un pontón desde **Dinner Key Marina,** en Coconut Grove, hasta destinos costeros como Stiltsville y Cayo Boca Chita. (p. 111)

---

Pasear por **Miami Riverwalk** viendo cómo se mecen embarcaciones grandes y pequeñas con Brickell y Downtown al fondo. (p. 66; foto)

**Dcha.: Dinner Key (p. 111).**

LO MEJOR

# Experiencias isleñas

Las islas de Miami añaden otra capa al paisaje de palmeras, ribeteando la costa como un collar de piedras preciosas. A menudo de gran belleza natural y un encanto relajado, ofrecen una escapada perfecta muy cerca de tierra firme.

Aventurarse por la costa sur de Coconut Grove hasta la parte isleña de **Dinner Key,** con sombreados rincones ideales para un pícnic. (p. 111)

---

Cruzar el puente de Miami a **Cayo Vizcaíno** para recorrer senderos bajo la vegetación, visitar un centro de naturaleza y hacerse selfis en un icónico faro. (p. 140)

---

Embobarse con las mansiones de millonarios de **Fisher Island, Star Island** y **Millionaire's Row.** (p. 65)

---

Escuchar el coro de carpinchos, lémures y perezosos en las copas de los árboles de **Jungle Island.** (p. 65)

---

Recorrer **Brickell Key,** una pequeña isla cubierta de rascacielos y a tiro de piedra del próspero distrito financiero de Brickell. (p. 66)

**Faro, Cayo Vizcaíno (p. 140).**

LUCKY-PHOTOGRAPHER/SHUTTERSTOCK ©

LO MEJOR

# Oferta cultural

Las raíces locales y el crisol de influencias hispanoamericanas han dado forma al vigoroso tejido cultural de Miami. Hasta su característico *spanglish* refleja el espíritu singular de la ciudad, donde todos se llaman cariñosamente *bro*.

Recorrer los cafés cubanos y bailar hasta bien entrada la madrugada en los bares de salsa de la **calle Ocho,** en plena Little Havana. (p. 98; foto)

---

Echar un vistazo a las esculturas y arte haitianos y, quizá, asistir a una clase de baile folclórico en el **Little Haiti Cultural Center.** (p. 132)

---

Callejear por el barrio de Allapattah y curiosear en los colindantes **Superblue Miami** y **Rubell Museum.** (p. 90)

Visitar la tierra de una de las comunidades indígenas del sur de Florida y asistir a una demostración de lucha con caimán en el **Miccosukee Indian Village.** (p. 137; foto)

---

Descubrir museos tradicionales y modernos, o incluso delirantes, como el **World Erotic Art Museum.** (p. 47)

DESDE LA IZDA.: FOTOLUMINATE LLC/SHUTTERSTOCK ©, SERGEY AKHRAMEEV/SHUTTERSTOCK ©

LO MEJOR

# Oferta artística

El panorama artístico de Miami es tan singular como su geografía: las paredes de Wynwood estallan de color, los maestros cubanos brillan en Little Havana y la creatividad invade cualquier superficie bañada por el sol.

Embobarse con el arte contemporáneo, las exposiciones que invitan a la reflexión y las vistas de la bahía Vizcaína en el **Pérez Art Museum Miami.** (p. 56)

---

Recorrer **Wynwood Walls,** galería al aire libre donde famosos artistas callejeros convierten muros en obras de arte urbano. (p. 76; foto)

---

Visitar la colección de rompedor arte contemporáneo del **Rubell Museum,** en un almacén reconvertido. (p. 88)

---

Antes de ver las maravillas *art déco* de South Beach, conviene visitar el **Art Deco Museum and Welcome Center** para conocer las singularidades locales de este estilo. (p. 43; foto)

---

Conocer a los prometedores talentos de la región o participar en una clase de arte en **Oolite Arts,** en Miami Beach. (p. 48)

**Dcha.: 'Chaos SAS' de Jedd Novatt, Pérez Art Museum Miami (p. 56).**

LO MEJOR

# Pescado y marisco

Desde tascas junto al muelle a festines de lujo frente al océano, la base de todas las cartas es el pescado y el marisco. El cangrejo moro, los buñuelos de caracoles de mar y el *mahi* soasado evidencian la espléndida oferta de viandas marineras, servidas con pasión, sol y, quizá, un chorrito de lima.

Mirar cómo flambean el bogavante *thermidor* en las mesas del sugerente y moderno restaurante **Giselle.** (p. 70)

Comer pinzas de cangrejo del famoso **Joe's Stone Crab**, una institución desde 1913, y dejar hueco para la indispensable tarta de lima. (p. 49; foto)

Degustar el pescado más fresco en **La Camaronera Seafood Joint and Fish Market**, en Little Havana, que sirve desde camarones de la costa del golfo de México a barbo punteado. (p. 101; foto)

Zamparse unas ostras recién desbulladas u otras exquisiteces en una calle próxima al río Miami en **River Oyster Bar.** (p. 70)

**Dcha.: ostras frescas.**

DESDE LA IZDA.: AMPARO FONTANET/SHUTTERSTOCK ©, JEFFREY ISAAC GREENBERG 13+/ALAMY STOCK PHOTO ©, JANCZAKO/SHUTTERSTOCK ©

REDAV/SHUTTERSTOCK ©

New World Symphony (p. 48).

LO MEJOR

# Música en directo

Una onda isleña, ritmos latinos y grandes DJ animan las trepidantes noches de Miami. La salsa invade la calle Ocho, el punk y el *funk* electrocutan Wynwood y los chiringuitos de playa con luces polinesias se mecen al ritmo de la música.

Ver éxitos de Broadway y conciertos sinfónicos en el **Adrienne Arsht Center for the Performing Arts,** el principal centro de artes escénicas de Miami. (p. 58)

---

Tomarse unos mojitos, escuchar *jazz* en vivo, moverse al ritmo de salsa y bailar en el bar de **Ball & Chain,** en Little Havana. (p. 98)

---

Disfrutar de la música clásica de otra manera con un concierto WallCast de **New World Symphony,** una proyección en alta definición de música sinfónica sobre una enorme pared. (p. 48)

---

Conocer el **Miami City Ballet,** uno de los más famosos de EE UU, en el Ophelia & Juan Js. Roca Center. (p. 48)

---

Sumergirse en la vieja Cuba en el **Café La Trova** de la calle Ocho y beber unos de los cócteles más famosos de la ciudad. (p. 98)

# Lo mejor para niños

Chapotear todo el día en la piscina más bonita de Miami, la **Venetian Pool** (p. 122), en Coral Gables, que parece el patio de recreo de un emperador romano.

---

Sentarse a una mesa de pícnic frente a una playa en el **Bill Baggs Cape Florida State Park** y pasear entre la vegetación.

---

Visitar el **Miami Children's Museum** (p. 67), un espacio de juegos para que los niños vivan aventuras imaginarias (también bajo el mar).

---

Dedicar un día al **Phillip & Patricia Frost Museum of Science** (p. 67), con acuario, planetario y exposiciones interactivas sobre las maravillas naturales del mundo.

---

Ver las exposiciones del acuario, recorrer senderos y participar en actividades al aire libre para niños en el **Marjory Stoneman Douglas Biscayne Nature Center** (p. 141).

# Lo mejor gratis

Asistir a sesiones de cine gratuitas y conciertos retransmitidos en vivo en el **SoundScape Park** (p. 48), durante todo el año, en South Beach. Una noche perfecta bajo las estrellas.

---

Deambular entre los animados puestos de **Wynwood Marketplace** (p. 80), ver actuaciones en directo y empaparse del arte urbano y la energía creativa del barrio.

---

Escapar con la familia al **South Pointe Park** (p. 48), la punta más meridional de Miami Beach, donde no faltan los senderos, las vistas panorámicas y un muelle donde corre la brisa.

---

Pasear por **Miami Beach Boardwalk** (p. 44) y disfrutar de la combinación siempre cambiante de vistas del océano, personajes curiosos y animada actividad durante todo el año.

---

Explorar los grandes espacios abiertos al público del **Biltmore Hotel** (p. 126) en Coral Gables o verlos en una visita guiada gratuita los domingos a las 14.00, donde se cuentan historias fascinantes y divertidas anécdotas.

# Tres días perfectos

Estas propuestas aúnan lujo, diversidad y lugares *hipsters*. Permiten descubrir la ostentación de Miami, sus playas llenas de vida, los núcleos culturales y los enclaves del momento para vivir la experiencia definitiva de la ciudad.

Hotel The Carlyle (p. 43), Ocean Drive.

PRIMER DÍA

## Si solo se dispone de un día

### MAÑANA

¿Qué sería de un viaje a Miami sin la playa? Así que hay que empezar en **South Beach** (foto; p. 44) y utilizar como base este epicentro *art déco* y su mezcla de hoteles clásicos con todas las comodidades. Se recomienda participar en un circuito por el **Art Deco Museum & Welcome Center** (p. 43) para tener una visión general de este estilo.

### TARDE

Una visita al **Wolfsonian-FIU** (p. 43), con excelentes exposiciones sobre artes decorativas, diseño industrial y arquitectura. Y reservar un rato para relajarse en la playa.

### NOCHE

Se va a **Lincoln Rd** (p. 46) para ver el ambiente y las tiendas y restaurantes de moda. Se remata la noche con un cóctel inolvidable en **Sweet Liberty** (p. 50).

SEGUNDO DÍA

## Un fin de semana

### MAÑANA

Al día siguiente se visitan las galerías y tiendas de **Wynwood** y el **Design District** (p. 73). Se empieza en **Wynwood Walls** (p. 76), una instalación de arte siempre cambiante de intensos y grandes murales.

### TARDE

Se toma un café exprés a primera hora de la tarde en **Panther Coffee** (foto; p. 86) y unos tacos en **Coyo Taco,** para luego continuar con el paseo por el moderno Wynwood, maravillándose con los edificios cubiertos de grafitis.

### NOCHE

Se va al Design District para ver instalaciones de arte público que relucen al atardecer y entrar en prestigiosas galerías. Por la noche, se puede picar y beber algo en **1-800-Lucky** (p. 85) de regreso a Wynwood.

TERCER DÍA

## Una escapada

### MAÑANA

Se empieza en **Little Havana** (p. 93) con un cafecito cubano en alguna ventanita; **Versailles** (p. 100) es un favorito durante generaciones. En la calle Ocho, se va al **Máximo Gómez Park** (p. 100) para ver a los lugareños jugando al dominó (foto).

### TARDE

Se baja hasta **Coral Gables** (p. 117) para visitar las mansiones de inspiración mediterránea, priorizando el **Vizcaya Museum & Gardens** (p. 105), una enorme finca frente a la bahía. Si hay tiempo, se hace un crucero al atardecer por la bahía Vizcaína.

### NOCHE

Toca salir a conocer la noche de Miami: pasear por **Ocean Drive** (p. 43) para ver los edificios con neones y pasar un rato relajado en el multifacético **MILA** (p. 49). Se sube el tono en **Sweet Liberty** (p. 50), una de las coctelerías más de moda de Miami Beach.

## Con más tiempo

Se puede explorar **Kampong** (p. 110), en Coconut Grove, un exuberante jardín tropical, en su día hogar del famoso horticultor David Fairchild. Desde allí, en el mismo Coral Gables, hay muchos edificios de inspiración mediterránea exquisitos. No hay que dejar de darse un chapuzón (o pasar la tarde) en la enorme **Venetian Pool** (p. 122).

---

El **Rubell Museum** (p. 88), en Allapattah, exhibe arte contemporáneo. Al otro lado de la calle, está la experiencia inmersiva del **Superblue Miami** (p. 90), donde arte y tecnología se funden.

Para una playa algo más tranquila, hay que visitar **North Beach** (p. 44), con un encantador ambiente de pueblo. Se continúa al sur hasta Mid-Beach y se camina delante de icónicos hoteles por el **paseo marítimo** (p. 44). Si se busca algo con historia se puede ir al **Biltmore Hotel** (p. 126), en Coral Gables, una joya arquitectónica con legendarias anécdotas.

---

Hay que asistir a un espectáculo tipo Broadway en el **Adrienne Arsht Center for the Performing Arts** (p. 58) o, si se prefiere el ambiente hispano, se va al **Ball & Chain** (p. 98) o al **Café La Trova** (p. 98), en la calle Ocho, para música en directo y una energía incombustible.

**Kampong (p. 110).**

## Una excursión

Si se dispone de un vehículo se aconseja adentrarse en los Everglades por el legendario Tamiami Trail (US41). Desde Miami, hay que ir al oeste, haciendo una parada de rigor para un paseo en hidrodeslizador y para disfrutar de un tentempié en algún restaurante de carretera. Desde allí, se visita **Shark Valley** (p. 136), quizá la entrada más popular al **Everglades National Park** (p. 134). Se sube a un **tranvía turístico** (p. 136) para recorrer con un guía los humedales de juncias o se alquila una bicicleta para seguir una ruta circular de 24 km, compartiendo el camino con los caimanes que toman el sol. De regreso a Miami, hay que desviarse al **Miccosukee Indian Village** (p. 137), que cuenta con un museo y demostraciones de lucha con caimanes.

## En un día de lluvia

En Miami hay muchos lugares donde entretenerse si el cielo se pone gris. El **Pérez Art Museum Miami** (p. 56) (PAMM) presenta exposiciones de arte contemporáneo cambiantes, con vistas estelares de la bahía Vizcaína, mientras el **Wolfsonian-FIU** (foto; p. 43), en South Beach, exhibe colecciones sobre diseño y propaganda que invitan a la reflexión. Los aficionados a la historia pueden explorar **HistoryMiami** (p. 68), que recupera el pasado de la ciudad con exposiciones diversas, desde la aviación a la inmigración. Para los amantes de la ciencia, el **Phillip & Patricia Frost Museum of Science** (p. 67) cuenta con un planetario y un acuario al aire libre. Y si no gustan los museos, se puede subir al gratuito **Metromover** para un circuito panorámico por la ciudad a prueba de lluvia.

# Prepararse

### ANTES DE PARTIR

**Tres meses antes**
Reservar entradas para conciertos y eventos deportivos importantes, y en los restaurantes populares como Joe's Stone Crab o Komodo.

**Un mes antes**
Reservar una mesa en los restaurantes de moda, un crucero al atardecer por la bahía Vizcaína y experiencias como Superblue Miami.

**Una semana antes**
Comprar entradas para los museos y reservar plaza en un circuito de temática *art déco* y en una coctelería de moda.

## Costumbres

La gente de Miami suele ser cordial, y le encanta recomendar atracciones locales, restaurantes y bares. Suelen evitar temas controvertidos, como la política, y prefieren hablar de deportes: con varios equipos profesionales y universitarios potentes nunca faltarán temas de conversación. En la periferia y zonas menos concurridas (como los senderos de parques estatales o del Everglades National Park), lo normal es saludar a la gente con la que uno se cruza.

## Descuentos para jubilados

Florida es un edén para los jubilados. Se pueden beneficiar de descuentos en hoteles, atracciones y restaurantes. Muchos comercios ofrecen del 5 a más del 30% a personas de más 65 años. De no haber ningún cartel a la vista, se puede preguntar al dependiente.

## Información útil

**IVA** El IVA en Florida es del 6%, al que se suelen sumar otros impuestos locales. La mayoría de los artículos, servicios, comidas en restaurantes y entradas a atracciones llevan algún impuesto, algo que hay que tener en cuenta cuando se calcule el presupuesto.

**Cajeros automáticos** Los hay por doquier; las comisiones se añaden al momento. Los bancos locales suelen cobrar 3-5 US$ por reintegro, más la posible comisión del banco del viajero. Para reducir costes con cada reintegro hay que utilizar la tarjeta de crédito siempre que sea posible.

**Cambio de moneda** Las transacciones con tarjeta de crédito ofrecen mejor cambio que los puestos de cambio y hoteles. Los cajeros automáticos también tienen tarifas competitivas. Para cambiar grandes sumas, los servicios de cambio profesionales ofrecen las mejores tarifas.

**Aventuras acuáticas por menos** Es mejor prescindir de los caros circuitos en barco privados y optar por los ferris públicos o alquilar un barco en grupo. Por ejemplo, el Island Queen Cruise ofrece vistas panorámicas por mucho menos que los circuitos de lujo.

## PROPINAS

Miami es una ciudad turística con una amplia variedad de servicios. Se espera propina en todas partes, a menos que haya carteles que indiquen que ya está incluida en el precio.

**20%+**
**Restaurantes y coctelerías**
por un buen servicio

**1-2 US$**
**Otros bares y cafés**
por bebida

**10%+**
**Taxis y chóferes**
por un buen servicio

**5+ US$**
**Aparcacoches**
por servicio

### PRESUPUESTO DIARIO

**Económico Menos de 200 US$**

- Cama en dormitorio colectivo: **60-80 US$**
- Comida informal en Little Havana: **10-20 US$**
- Entrada a museo: **10-20 US$**
- Abono diario en transporte público: **5-6 US$**

**Medio Entre 200-500 US$**

- Habitación en hotel estándar: **150-300 US$**
- Comida de dos platos con bebida en restaurante medio: **70-100 US$**
- Entrada a un partido de los Miami Heat: **desde 50 US$**
- Crucero en grupo por la bahía Vizcaína: **desde 30 US$**

**Alto Más de 500 US$**

- Hotel de lujo o resort frente al mar: **desde 400 US$**
- Comida en un buen restaurante: **desde 150 US$ por persona**
- Mesa VIP en una discoteca: **1000 US$ mínimo**
- Medio día en un yate privado: **más de 800 US$**

**Moneda**
US$

**Idioma**
Inglés y español

**Hora local**
Hora del este en EE UU (GMT/UTC + 10 h)



## CONSEJO

Con el **Go City Miami Pass** *(gocity.com)* se obtienen grandes descuentos en las principales atracciones, así como en los circuitos por los Everglades y los cruceros. Se puede escoger entre el pase con todo incluido o el pase Explorer para que salga más económico.

# Cuándo ir

**En cualquier momento. La ciudad está muy concurrida en invierno por sus temperaturas agradables; el verano puede resultar sofocante y los espectáculos culturales se mantienen durante todo el año.**

El momento de la visita condiciona cada experiencia. El invierno atrae a gente que huye del fríoy a los festivaleros. Muchos prefieren el final de la primavera (abr-ppios jun) porque el agua del mar es cálida y hay menos gente. Quienes lo visiten a finales de verano, cuando se acerca la temporada de huracanes, disfrutarán de playas más vacías y de otro tipo de encanto tropical. En otoño (oct) empieza la temporada del cangrejo moro y la ciudad palpita con una relajada energía.

## Grandes eventos

**Febrero** El **South Beach Wine & Food Festival** (SOBEWFF) es una semana de banquetes plagados de estrellas, con chefs famosos, catas, demostraciones de cocina y experiencias gastronómicas exclusivas.

**Marzo** Miami late con música electrónica durante la **Miami Music Week,** cuando espacios acogedores y grandes estadios programan a DJ de talla mundial. El **Ultra Music Festival** pone fin a la semana.

**Mayo** Las calles de Miami Gardens se transforman en un espectáculo de carreras para el **Gran Premio de Miami.** Los Fórmula 1 compiten también podría suprimirse por el Hard Rock Stadium, y toda la semana se llena de famosos con fiestas que encienden la ciudad.

**Diciembre** **Art Basel Miami Beach** es la perla del **Miami Art Week,** que trae a artistas, coleccionistas y famosos internacionales. Aparte de galerías, hay fiestas, instalaciones y cenas con gusto artístico.

## Clima

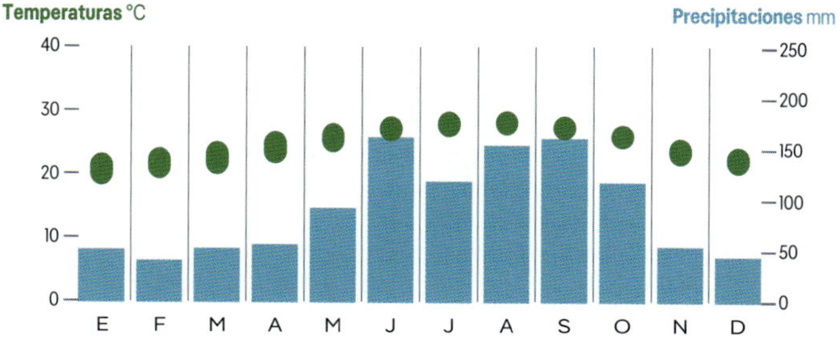

Art Deco Weekend.

## Festivales locales

**Enero** Ocean Drive retrocede en el tiempo durante el **Art Deco Weekend,** un festivo homenaje a la arquitectura de las décadas de 1920 y 1930 de Miami Beach. Coches clásicos, moda *vintage* y circuitos históricos celebran su encanto.

**Febrero** El **Coconut Grove Arts Festival,** una tradición muy querida en Miami, transforma el frente marítimo en una galería. Los artistas locales e internacionales exhiben pinturas, esculturas y fotografías, y los conciertos y los eventos gastronómicos se suman a la jarana creativa.

**Marzo** El **Calle Ocho Music Festival,** el festival de música hispana más grande de EE UU, llena Little Havana con conciertos, baile en la calle y vibrantes espectáculos culturales. Toda una fiesta.

**Noviembre** La **Miami Book Fair,** una semana literaria con autores internacionales, propone mesas redondas y una enorme feria callejera con libreros, recitales de poesía y actos especiales.

### CONSEJOS SOBRE ALOJAMIENTO

En invierno, los precios son de temporada alta, sobre todo durante la Miami Art Week y otros festivales. En verano los precios bajan, aunque las ofertas son mejores a finales de primavera y principios del otoño. La temporada de huracanes (jun-nov) conlleva excelentes ofertas, pero conviene estar atento al parte meteorológico.

# Cómo llegar

La mayoría de los viajeros llega al aeropuerto internacional de Miami (MIA), un importante nexo internacional con conexiones al resto de la región. El también internacional aeropuerto de Fort Lauderdale-Hollywood (FLL) también da servicio a la zona.

## Desde el aeropuerto internacional de Miami al centro

### En autobús

El autobús Miami-Dade Transit's Route 150 Airport Express sale cada 20-30 min del MIA, cada día de 6.00 a 23.40. El recorrido dura 40 min, según el tráfico, y cuesta 2,25 US$. Los autobuses salen de la estación central de Miami, a la que se puede llegar en el gratuito MIA Mover desde las terminales del aeropuerto. Se puede pagar en efectivo si se tiene el importe exacto o con una EASY Card, que se vende en las máquinas de la estación.

### En MIA Mover

El Orange Line Metrorail ofrece un viaje rápido y sin interrupciones desde el MIA. Hay que subir al gratuito MIA Mover hasta la estación central, con trenes cada 10-15 min. Luego se toma la Orange Line en dirección a Downtown hasta la estación de Government Center (15 min) y allí se cambia al también gratuito Metromover, un tren automatizado que hace una ruta circular por Downtown Miami. Esta opción es ideal para viajeros que van a Downtown y Brickell. Cuesta 2,25 US$ en total.

### En taxi o 'apps' de transporte

Los taxis cobran 30-35 US$ de tarifa única hasta Downtown y tardan unos 20 min. Los vehículos de las *apps* tienen zonas de recogida asignadas delante del vestíbulo de llegadas. Cuestan entre 20-40 US$.

## Otros puntos de entrada

### Aeropuerto internacional de FLL

Las *apps* de transporte y los taxis son las opciones más rápidas (40 min aprox.) para llegar al centro desde el FLL; cuestan 50-80 US$. Más económico es el servicio de enlace a la cercana estación de Tri-Rail Fort Lauderdale Airport, con trenes que pasan cada 30-60 min. El trayecto dura 1 h (aprox.) hasta Miami y cuesta 5 US$.

**Brightline Train**

Desde Orlando, West Palm Beach, Fort Lauderdale y otros puntos del norte, Brightline tiene un tren de alta velocidad hasta el centro de Miami. Circulan cada 30-60 min. El billete cuesta desde 10 US$ por trayecto.

# Cómo desplazarse

Desplazarse por Miami es más fácil en coche, aunque hay mucho tráfico en horas punta. El transporte público, como Metrorail, el Metromover y autobuses, es económico para ir a zonas clave. Las aplicaciones de transporte y los taxis ofrecen más flexibilidad, y las bicicletas y patinetes de alquiler son ideales para trayectos cortos. Caminar es otra buena opción para zonas peatonales como Wynwood y South Beach.

## Taxis y aplicaciones de transporte

En Miami hay taxis, pero pueden ser caros y cuesta pararlos en la calle. Casi todo el mundo recorre a aplicaciones tipo Uber o Lyft, con precios más competitivos y una *app* donde se puede reservar. Una carrera de 20 min por la ciudad cuesta 20-40 US$, según el tráfico y la demanda. Si bien los taxis tienen precios fijos desde el aeropuerto, las aplicaciones de transporte suelen ser más económicas.

## Metrorail y Metromover

El Metrorail es una opción rápida y económica para desplazarse por zonas como Downtown y Brickell, y para ir al aeropuerto. Las líneas Orange y Green circulan a diario, con tarifas de 2,25 US$ por trayecto. En la estación de Government Center, se puede hacer transbordo al Metromover, un tren automatizado gratuito que sigue rutas circulares por Downtown y Brickell, una buena manera de conocer la ciudad sin gastar nada.

## Metrobus

El sistema de Metrobus de Miami-Dade abarca una zona grande, que incluye Miami Beach y los

DESDE LA IZDA.: JUST DANCE/SHUTTERSTOCK ©, BILANOL/SHUTTERSTOCK ©

**'APP' ESENCIAL**

**GO Miami-Dade Transit App** permite planificar los desplazamientos en Metrorail, Metrobus y Metromover.

barrios residenciales aledaños. El billete cuesta desde 2,25 US$ y se puede pagar en efectivo o con la EASY Card. Los autobuses pasan con frecuencia, pero pueden ir lentos por el tráfico. Aunque útiles para quien viaja con presupuesto ajustado, los trayectos más largos quizá duren más de lo esperado.

### Trolebús

La red de trolebuses gratuita de Miami es práctica para moverse por barrios como Coral Gables, Little Havana y Downtown. Circulan a diario cada 10-15 min. Miami Beach también gestiona su propio trolebús, para no tener que utilizar el coche en esa zona.

### Bicicletas y patinetes eléctricos

El sistema Citi Bike alquila bicicletas para viajes cortos, pero el tráfico y los pocos carriles-bici no lo ponen fácil. Los patinetes eléctricos, disponibles en zonas concretas, son prácticos para recorrer distancias cortas, sobre todo por South Beach y Downtown.

### A pie

Zonas como South Beach, Wynwood y Brickell son bastante peatonales. Fuera de los centros turísticos no siempre hay aceras, pero si el viajero se hospeda en el centro, vale la pena callejear a pie.

### Conducir y aparcar

Aunque un coche dé mayor flexibilidad, el tráfico de Miami puede ser infernal, sobre todo en horas punta. Aparcar en zonas concurridas como South Beach y Downtown es caro y difícil. Como los hoteles cobran mucho por el servicio de aparcacoches, es mejor optar por el transporte público en las zonas céntricas.

## Transporte público

### Precios y billetes

Miami-Dade Transit gestiona el Metrorail, el Metromover y el Metrobus con un sistema tarifario integrado. Los pasajeros pueden pagar el viaje con una EASY Card, un EASY Ticket, una tarjeta de crédito/débito o carteras digitales como Apple Pay y Google Pay. Un billete sencillo de Metrorail o Metrobus cuesta 2,25 US$, pero también hay pases de viajes ilimitados. La EASY Card es una tarjeta inteligente reutilizable que cuesta 2 US$ y que se puede cargar con saldo o pases. Un EASY Ticket es una tarjeta de papel desechable válida hasta 60 días (máx.). A los visitantes se les recomienda el Day Pass (5,65 US$) para viajar ilimitadamente durante 24 h, y el 7-Day Pass (29,25 US$), con viajes ilimitados durante una semana. Los jubilados, estudiantes y viajeros con necesidades de accesibilidad pueden optar a descuentos si presentan la documentación adecuada.

Las EASY Cards y los EASY Tickets se venden en las máquinas

de las estaciones del Metrorail, en línea y en algunos supermercados y tiendas de conveniencia. Para entrar, basta con acercar la tarjeta o billete a la barrera mecánica del Metrorail o en las máquinas de los autobuses. Las tarjetas de crédito y débito *contactless* funcionan de la misma manera. Las estaciones de Metrorail también disponen de máquinas para recargar saldo.

## Transbordos y ahorros

Los pasajeros con una EASY Card o un EASY Ticket pueden hacer transbordos gratuitos entre Metrobus y Metrorail durante un período de 3 h. Quienes paguen con tarjeta de crédito o débito se ahorran tener que llevar dinero en efectivo y comprar los billetes con antelación. Con estas opciones, el transporte es más eficiente, sobre todo si uno se aloja en el centro o tiene que hacer muchos transbordos.

**PRECIOS**

**Abono de un día de Miami-Dade Transit**
5,65 US$

**1 h en Citi Bike**
8,50 US$

**Billete sencillo de Metrobus**
2,25 US$

**EVITAR EL EFECTIVO EN EL METROBUS**

Hay que evitar usar efectivo en el Metrobus. Los conductores no dan cambio y piden el importe exacto al embarcar.

**BILLETES**

Miami-Dade Transit utiliza un sistema tarifario integrado para el Metrorail y el Metrobus. Se puede pagar con una EASY Card, un EASY Ticket o una tarjeta *contactless*.

| | |
|---|---|
| Billete sencillo | 2,25 US$ |
| Abono diario | 5,65 US$ |
| Abono semanal | 29,25 US$ |
| Abono mensual | 112,50 US$ |
| Tarifa con descuento (jubilados, estudiantes, personas con necesidades de accesibilidad) | 1,10 US$ |

**ZONAS TARIFARIAS**

La red de transporte público de Miami presta servicio principalmente a tres zonas clave. Downtown y Brickell serían el núcleo central, con el Metromover gratuito y múltiples conexiones de transporte. El área metropolitana (Greater Miami), que incluye Miami Beach, Coral Gables y Little Havana, cuenta con el Metrobus y el Metrorail. Outer Miami-Dade, que incluye zonas periféricas y el aeropuerto internacional de Miami, tiene el Metrobus y alguna estación del Metrorail. Los precios son los mismos en todas las zonas.

# Otra cara de Miami

Miami es un crisol de culturas, con artistas, personajes, arquitectura y gente única casi en cada esquina.

## Los puentes que lo conectan todo

Las *causeways,* carreteras elevadas sobre el agua, definen la geografía de Miami, comunicando el continente con las islas de barrera y los barrios costeros. Cada una es una maravilla cultural y de la ingeniería en sí misma.

**MacArthur Causeway** conecta Downtown con Miami Beach, ofreciendo vistas espectaculares de la ciudad, con yates orillando **Star Island** (p. 65). **Julia Tuttle Causeway** (interestatal 195) atraviesa la bahía Vizcaína y comunica directamente Midtown con Miami Beach. **Venetian Causeway,** un tramo panorámico de puentes e islas pequeñas, es ideal para ciclistas y corredores. **Rickenbacker Causeway** conduce a Cayo Vizcaíno, donde playas, parques y carriles-bici permiten escapar del frenesí urbano.

## Las caras naranjas de Atomik

Al dar una vuelta por Miami, se verá una pícara cara naranja de ancha sonrisa que devuelve la mirada. Es obra de **Atomik,** un prolífico artista urbano local cuyo característico personaje cítrico luce en edificios, contenedores, señales de tráfico y trenes. Inspirada en la vieja mascota de Florida, el Pájaro Naranja (Orange Bird), la obra de Atomik es un elemento inherente al paisaje urbano de Miami. Sus murales más reconocibles decoran las fachadas industriales de Wynwood, pero los hay por toda la ciudad, también en lugares de lo más insospechado.

### FUERA DE RUTA

Recorrer en hidrodeslizador los **Everglades** (p. 134), cruzando los humedales y viendo caimanes y aves insólitas.

Entrar al **Ancient Spanish Monastery,** un claustro del s. XII traído en barco desde España y reconstruido en North Miami Beach.

Visitar el **Coral Castle,** un extraño jardín escultórico de piedra caliza tallada a mano por un hombre misterioso en la década de 1920.

Bañarse en la **Venetian Pool** (p. 122), un oasis histórico con agua de manantial, excavado en una cantera de roca coralina en Coral Gables.

FOTOLUMINATE LLC/SHUTTERSTOCK ©

Gallos en la calle Ocho.

## Los gallos de Little Havana

Estatuas de gallos de vivos colores flanquean la calle Ocho en Little Havana para celebrar la cultura cubana, donde los gallos simbolizan la fuerza y el orgullo. Estas aves de fibra de vidrio al principio se colocaban junto a negocios locales, pero hoy se han convertido en iconos del barrio, el más famoso de ellos está delante de **El Pub Restaurant** (1548 SW 8th St). Pero no todos son esculturas, también los hay de carne y hueso que campan por Little Havana y Coconut Grove, descendientes de aquellos que antaño se criaban para peleas o para tener en el patio trasero. Hoy, se pasean por callejones y calles residenciales, aportando su granito de arena a la vitalidad de Miami.

## Stiltsville: reliquias flotantes de Miami

A menos de 2 km de la costa, en la bahía Vizcaína, aflora un puñado de palafitos de madera, vestigios de una comunidad otrora próspera e independiente. Estas estructuras, conocidas como **Stiltsville** (p. 68), son de la década de 1930, cuando eran la guarida de jugadores y juerguistas. A lo largo de los años, los huracanes han destruido la mayoría, dejando solo siete en pie. No se puede visitar Stiltsville sin barco, pero los circuitos guiados del **Biscayne National Park Institute** (p. 110) acercan a este pedacito decadente de Miami.

# Explora Miami



## Merece la pena



## Circuitos a pie



FRANK_PETERS/SHUTTERSTOCK ©

Sugerencias de lugares para comer, beber y comprar en **p. 49**

# Explora Miami Beach

Cuando la gente piensa en Miami, usualmente visualiza Miami Beach: una ciudad de playas impresionantes, encanto *art déco, boutiques* de lujo y fiesta a mansalva. Pero no todo es ostentación, también hay bares informales, restaurantes excelentes y joyas culturales, todo ello sobre un telón de edificios de colores pastel y palmeras cimbreantes. Aquí hay experiencias para todos: salir a correr al amanecer, hacer yoga y asistir a un concierto o dormir hasta tarde, salir de compras, cenar junto al mar y bailar hasta el alba. Desde la energía de South Beach al ambiente relajado de North Beach, Miami Beach promete una combinación infalible de lujo y ocio.

## Cómo desplazarse

### Autobús

Metrobus Route 120 (Beach MAX) circula cada día entre Aventura Mall y el noreste hasta Downtown pasando por Miami Beach, incluido South Beach. Es un autobús práctico que utilizan visitantes y residentes.

### Bicicleta

Venetian Causeway está acondicionada para ciclistas y conecta Miami Beach con tierra firme. Cuenta con carriles-bici y límites bajos de velocidad, para atravesar la bahía Vizcaína de forma segura y disfrutando de las vistas.

### Ferri

Water Taxi Miami cuenta con ferris entre South Beach y Bayside Marketplace, en Downtown Miami, una alternativa panorámica y fiable a cruzar la carretera elevada en coche.

**South Beach (p. 44).**
LAZYLLAMA/SHUTTERSTOCK ©

### LO MEJOR

**OBSERVAR A LA GENTE**
South Beach (p. 44)

**MUSEO CLÁSICO DE MIAMI BEACH**
Art Deco Museum and Welcome Center (p. 43)

**LUGAR PARA PASEAR**
Miami Beach Boardwalk (p. 44)

**PARQUE NATURAL**
Oleta River State Park (p. 46)

**PLAYA PARA TODOS**
Haulover Beach Park (p. 44)

MIAMI BEACH
A
B
C
D
E
F
1
2
3
4
Bayshore Municipal Golf Course
Miami Beach Botanical Garden 9
True Loaf Bakery
Sunset Clothing Co
Sunset Harbour
Maurice Gibb Memorial Park
17
18
19
20
34
49
Miami City Ballet
Bass Museum
Collins Park
26
28
43
44
56
Fillmore Miami Beach
25
New World Symphony
24
Temple Emanu-El
8
35
SoundScape Park
30
Oolite Arts
27
40
Miami Beach Community Church
7
41
South Beach
The Betsy Orb
22
The Crescent
La Sandwicherie
33
47
52
55
46
Flamingo Park
29
World Erotic Art Museum
21
Lummus Park
2
South Beach
1
MIAMI BEACH
Bahía Vizcaína
Canal Collins
Dade Blvd
Alton Rd
20th St
19th St
18th St
17th St
16th St
15th St
15th Tce
14th Ct
14th Tce
14th St
14th Pl
13th Tce
13th St
12th St
West Ave
Bay Rd
Purdy Ave
Alton Ct
Lincoln Rd
Lincoln La N
Lincoln Rd Mall
Lincoln La S
Lenox Ave
Michigan Ave
Jefferson Ave
Meridian Ave
Convention Center Dr
Pennsylvania Ave
Drexel Ave
Washington Ave
Park Ave
Liberty Ave
James Ave
Collins Ave
Collins Ct
Ocean Ct
Ocean Dr
Promenade
Española Way
907
A1A

OCÉANO ATLÁNTICO
Clevelander
Art Deco Museum and Welcome Center
Muscle Beach
Colony Hotel
South Beach
Promenade
Wolfsonian-FIU
MIAMI BEACH
Ocean Beach Park
Pier Park
South Pointe Park
Faro del South Pointe Park
Miami Beach Marina
Muelle A
Muelle B
Muelle C
Muelle D
Muelle E
Muelle F
Muelle G
Muelle H
Muelle J
Muelle K
Muelle L
Muelle M
MacArthur Cswy
Miami Beach Dr (5th St)
11th St
10th St
9th St
8th St
7th St
6th St
5th St
4th St
3rd St
2nd St
1st St
Commerce St
South Pointe Dr
West Ave
Alton Rd
Lenox Ave
Michigan Ave
Jefferson Ave
Meridian Ave
Euclid Ave
Pennsylvania Ave
Washington Ave
Collins Ct
Collins Ave
Ocean Ct
Ocean Dr
0
500 m
Más información
Imprescindible p. 39
Experiencias p. 44
Comer p. 49
Beber p. 50
Comprar p. 51

# NORTH BEACH

A
B
C
D
1
2
3
4
5
6
0
1 km
Más información
Imprescindible p. 39
Experiencias p. 44
Comer p. 49
Beber p. 50
Comprar p. 51
53
16
15
6
5 North Beach
10 Altos Del Mar Sculpture Park
N Shore Dr
NORMANDY SHORES
S Shore Dr
Trouville Esplanade
Normandy Dr
Puente de 71st St
71st St
48
Harding Ave
Collins Ave
JFK/79th St Cswy
NORTH BAY VILLAGE
Bahía Vizcaíno
NORTH BEACH
W 63rd St
La Gorce Country Club
39
A1A
La Gorce Dr
Pine Tree Dr
Arroyo Indian
OCÉANO ATLÁNTICO
Alton Rd
Dade Blvd
MID-BEACH
907
Indian Creek Dr
41st St/Arthur Godfrey Rd
Véase ampliación
195
Julia Tuttle Cswy
N Chase Ave
Sheridan Ave
South Beach
Bayshore Municipal Golf Course
N Bay Rd
Alton Rd
Sunset Islands
W 28th St
BAYSHORE
36 St
Faena District 11
35 St
Faena Bazaar 14
34 St
Faena Forum 12
13
Faena Hotel Miami Beach
32nd St
Flamingo Dr
Indian Creek Dr
MID-BEACH
30 St
South Beach
Miami Beach Boardwalk 4
29th St
45
28th St
Collins Ave
0
100 m

★ IMPRESCINDIBLE

# Bass Museum

El Bass Museum *(thebass.org; adultos/7-18 años 15/8 US$)*, fusión de historia y arte contemporáneo cerca del océano, aporta un elemento atrevido y creativo al barrio. En una antigua biblioteca de la década de 1930, su moderna ampliación se integra a la perfección con el pasado. En su interior aguardan exposiciones vanguardistas, obras maestras y una perspectiva fresca del arte local y mundial.

## Un centro del arte contemporáneo

PLANO: P. 36 **E1**

El Bass es el principal museo de arte contemporáneo de Miami Beach, conocido por sus exposiciones transgresoras, algunas de las cuales se extienden hasta el cercano Collins Park (p. 48). Fundado en 1964, se ha convertido en un espacio que exhibe la obra de artistas emergentes y consolidados. Aquí se han expuesto obras de pesos pesados internacionales como El Anatsui, Isaac Julien y Piotr Uklański, asegurando una mezcla de influencia global y de vitalidad artística propia de Miami.

## Exposiciones notables

Las exposiciones rompen convenciones y generan debates no exentos de polémica. *The Nudist Museum* de Ellen Harvey convirtió las paredes de la galería en un panel de recreaciones de desnudos clásicos. En el 2023, *Nam June Paik: The Miami Years* celebró la influencia del padre del videoarte. *Good Evening Beautiful Blue* de Ugo Rondinone transformó parte del espacio en un refugio onírico donde meditar. La pieza en neones de Sylvie Fleury *Eternity Now* brilla siempre en la fachada del museo, un recordatorio constante de la óptica vanguardista del Bass Museum.

El museo se extiende mucho más allá de sus muros con charlas interesantes, talleres prácticos y un parque escultórico en Collins Park en permanente cambio.

**CONSEJO**
Se puede entrar gratis al museo el tercer jueves de cada mes de 18.00 a 21.00. El último domingo del mes es el Family Day, con entrada gratuita para los niños y acompañantes.

Escanea este código QR para comprar la entrada e informarse sobre precios.

★ IMPRESCINDIBLE

# Art Deco Historic District

El mundialmente famoso Art Deco Historic District es exuberancia pura: arquitectura de líneas atrevidas, motivos tropicales caprichosos y una paleta de colores que evoca la belleza natural de Miami. Cada uno de los 800 edificios *art déco,* todos ellos parte del Registro Nacional de Lugares Históricos, tiene un diseño diferente. Cuesta mucho no prendarse de estas preciosidades restauradas.

PLANO: **P. 36**

## Un atrevido nuevo comienzo

A principios del s. xx, Miami Beach era poco más que una isla de barrera cubierta de maleza, a la que poco a poco iban dando forma un puñado de urbanizadores ambiciosos como destino turístico. Pero en 1926 un huracán devastador arrasó buena parte del sur de Florida. Cuando empezó la reconstrucción de la ciudad, un nuevo movimiento arquitectónico triunfaba en el mundo: el *art déco.* Los constructores de Miami Beach, inspirados por la Exposition Internationale des Arts Décoratifs et Industriels Modernes de 1925 en París, adoptaron el estilo, levantando centenares de hoteles asombrosos en los años treinta para acomodar a una ola creciente de turistas de clase media.

## La estética 'art déco'

El movimiento *art déco* encarnaba el espíritu elegante y progresista de finales de la década de 1920 y de los años treinta. Influenciado por los automóviles, los cruceros y la era industrial, apostaba por las atrevidas líneas verticales y horizontales, los motivos geométricos y las curvas aerodinámicas. Los arquitectos de Miami Beach aportaron su sello local, incorporando motivos

**CONSEJO**

Temprano por la mañana hay menos gente y mejor luz para hacer fotos. Visitar las excelentes exposiciones de *art déco* en el cercano Art Deco Museum and Welcome Center (p. 43) y el Wolfsonian-FIU (p. 43).

Escanea este código QR para reservar plaza en un circuito guiado a pie por el barrio.

MATTARISTUDIO/SHUTTERSTOCK ©

tropicales –flamencos, palmeras, olas, conchas...– que dieron lugar a un distintivo *déco* tropical. La funcionalidad también desempeñaba un papel importante: las características cornisas "ceja" que sobresalen encima de las ventanas protegen los interiores del implacable sol del sur de Florida sin obstaculizar las vistas de la calle.

## Dónde verlo

El lugar más vistoso para ver el patrimonio *art déco* de Miami Beach es Ocean Dr, sobre todo entre 11th St y 14th St. Aquí, los hoteles de colores pastel con fachadas de luces de neón transportan al esplendor de otra época. El **Colony Hotel,** la curva de **The Crescent** (foto) y las ventanas de ojo de buey del **Clevelander** muestran la elegancia juguetona de este período arquitectónico.

**UNA PAUSA**
Unos sándwiches y un refresco en el favorito del barrio, **La Sandwicherie.** El viaje al pasado se puede completar comiendo en el **11th Street Diner** (p. 49), sito en un vagón de tren de la década de 1940.

CIRCUITO A PIE

# Paseo por Miami Beach

Se empieza callejeando toda la mañana por South Beach para admirar el Art Deco Historic District, donde la combinación de las elegantes líneas de las fachadas con los caprichosos motivos tropicales forma la mayor colección del mundo de edificios *art déco* de las décadas de 1920 y 1930. Es un lugar privilegiado para ver el carrusel humano de la ciudad.

| INICIO | FINAL | DURACIÓN |
|---|---|---|
| Art Deco Museum | Wolfsonian-FIU | 3 km; 4 h |

## 1 Introducción al 'art déco'

En el **Art Deco Museum and Welcome Center** *(mdpl.org)* las exposiciones ponen de relieve las atrevidas formas geométricas, los colores pastel y las influencias náuticas del movimiento. Aquí es posible conocer cómo Miami Beach desarrolló su propio estilo *déco* tropical y ver bocetos arquitectónicos originales, fotos antiguas y muebles de época. Se puede visitar en circuito guiado o por libre.

## 2 Paseo por Ocean Drive

Se va luego al norte por Ocean Dr, entre 12th St y 14th St, donde hay emblemáticos hoteles *art déco*. **The Leslie** (1937), una estructura clásica cuadrada que luce una fachada amarilla, con cornisas tipo ceja, que dan sombra sin tapar las vistas. De noche, casi todo Ocean Dr se convierte en un paraíso de neones azules, rosas y verdes.

## 3 Un refugio a medio paseo

En 14th St, se puede entrar al **Winter Haven Hotel** para ver sus pulimentados suelos de terrazo, un sello distintivo del *art déco* hecho con trozos de piedras de colores aglomerados con mortero. La escalera del vestíbulo y los tonos pastel conservan la elegancia de 1930. Cuando cae la noche, se puede cruzar al Lummus Park para ver el espectáculo de neón de Ocean Dr.

## 4 Hoteles de moda

Por el Lummus Park, donde se puede ver a los culturistas entrenando junto a la arena, se llega al **Carlyle.** El hotel, con su estilo moderno de la década de 1940 y sus marcadas líneas verticales, ha sido uno de los favoritos de Hollywood, apareciendo en películas como *Scarface* y *Una jaula de grillos.* En el lado oeste de Ocean Dr está el Cardozo Hotel (1939), obra de Henry Hohauser, con sus esquinas curvas y sus ventanas de ojo de buey que recuerdan a un transatlántico. Hoy propiedad de Gloria y Emilio Estefan, conserva su encanto *art déco* con interiores renovados.

## 5 Un edificio postal

Desde Ocean Drive, hay que ir hacia el interior por 13th St hasta Washington Ave, con una parada en la **oficina de correos** de la esquina. Se construyó en 1937 y combina *art déco* con elementos clásicos, creando un efecto limpio y geométrico. En el interior hay una lámpara en forma de sol radiante y detalles aerodinámicos en aluminio.

## 6 Un colofón apoteósico

Se termina el recorrido en el **Wolfsonian-FIU** *(wolfsonian.org),* antaño sede de la Washington Storage Company, donde los adinerados residentes estacionales guardaban sus objetos de valor en la década de 1930. Ahora convertido en un museo de diseño exhibe muebles *art déco,* carteles de propaganda y diseño industrial. Su fachada a modo de fortaleza contrasta con los colores pastel de Ocean Dr, un final ideal para este circuito por el *art déco.*

## EXPERIENCIAS

### Darse aires y tomar el sol en South Beach PLAYAS

PLANO: 1 P. 36 **E4**

En cuanto a sol, arena y olas se refiere, Miami Beach toca todas las teclas, y con ambientes diferentes, para que cada cual elija dónde quiere colocar la toalla.

**South Beach** es la playa en la que uno piensa cuando escucha las palabras "Miami Beach", pero hay mucha más costa por recorrer. Si no se indica lo contrario, aquí las calles numeradas parten de Collins Ave (A1A), que va de norte a sur en paralelo a la playa.

Una de las zonas más animadas de la avenida es el **Lummus Park** (PLANO: 2 P. 36 **E4**; *miamibeachfl.gov; gratis*), una privilegiada zona verde entre Ocean Dr y la playa. *Runners, skaters* y bañistas lo invaden para empaparse del ambiente de South Beach. A pocos metros, quien quiera entrenar puede hacerlo en **Muscle Beach** (PLANO: 3 P. 36 **E5**; *instagram.com/musclebeachsouthbeach; gratis*), un famoso gimnasio al aire libre donde los culturistas y los aficionados al *fitness* ejercitan sus músculos sobre un telón de palmeras cimbreantes y hoteles *art déco* con luces de neón.

### Darse una vuelta y relajarse en Mid-Beach y North Beach PLAYAS

PLANO: 4 P. 38 **B5**

Mid-Beach abarca las playas desde 23rd St a 63rd St (las calles numeradas se extienden desde Collins Ave, que va de norte a sur, en paralelo a la playa). No es que por aquí la gente haya dejado de acicalarse y pavonearse, se está aún en territorio de modelos e *influencers*, pero, al menos, algunos de dichos *influencers* ya han superado la fase de publicar en TikTok sus noches de discoteca para pasar a la fase de mostrar vídeos familiares.

En el lado de la bahía de la playa está North Bay Rd, donde se pueden ver (o más bien divisar por encima de los muros) algunas de las mansiones más grandes de la zona. Aquí también está **Miami Beach Boardwalk** (*miamibeachboardwalk.com; gratis*), paseo entablado que se extiende entre 21st St y 46th St, donde judíos ortodoxos y especialistas en redes sociales suelen mezclarse.

### Naturaleza y nudismo en North Beach PLAYAS

PLANO: 5 P. 38 **D1**

**North Beach** se extiende desde 63rd St a 87th Tce, donde las playas son más pequeñas y familiares. Aquí también está el **Haulover Beach Park** (PLANO: 6 P. 38 **C1**), 7,5 km al norte de 71st St. En la sección norte de esta playa, popular entre los nudistas desde la década de 1990, el bañador es opcional.

### Lugares de oración IGLESIAS

Pocas personas incluirían Miami Beach y "devoción" en

el mismo viaje, y mucho menos en la misma frase, pero aquí hay interesantes espacios de oración. Como contraste bastante marcado y estimulante a las modernísimas estructuras que se hacen un hueco entre los edificios *art déco* de South Beach, la **Miami Beach Community Church** (PLANO: 7 P. 36 **D3**; *miamibeachcommunitychurch.com*) evoca una antigua misión española, elegante y sutil en una zona donde la exageración es la norma. Es la iglesia santuario más antigua de Miami Beach (de 1921) e históricamente es muy progresista, la ordenación de sacerdotes afroamericanos y el reconocimiento del matrimonio homosexual son dos ejemplos. Los domingos, la misa es a las 10.30.

A 400 m está la delicada cúpula y el elegante y casi aerodinámico perfil del **Temple Emanu-El** (PLANO: 8 P. 36 **D2**; *tesobe.org*), fundado en 1938. El diseño puede parecer *déco,* pero bebe de influencias más bizantinas e islámicas, con algunas pinceladas *déco,* claro. Los servicios del *sabbat* son los viernes a las 18.00 y sábados a las 10.00.

### Cambiar la playa por unos jardines

JARDINES

A pocos pasos del bullicio de South Beach, el **Miami Beach Botanical Garden** (PLANO: 9 P. 36 **C1**; *mbgarden.org; gratis*) es un exuberante refugio de 1052 Ha, rebosante de flores tropicales e impregnado de una serenidad de inspiración japonesa, al que escapar del ajetreo de la ciudad. Esta joya escondida, gestionada por la Miami Beach Garden Conservancy, es un festín para todos los sentidos, donde sinuosos senderos pasan entre imponentes palmeras y por un bucólico estanque lleno de carpas *koi*. No hay que perderse el mariposario, donde los polinizadores endémicos revolotean entre coloridas flores, ni el jardín de frutas y hierbas tropicales.

### EL PEQUEÑO ISRAEL DE MIAMI

El centro gravitacional de los judíos estadounidenses es Nueva York o Los Ángeles, pero también hay una importante comunidad en Miami Beach, concretamente en Arthur Godfrey Rd (41st St) y Harding Ave, entre 91st St y 96th St en Surfside. Aquí hay una muestra representativa única de judíos, desde inmigrantes del noreste del país a otros venidos de las antiguas repúblicas soviéticas pasando por los *jewbans,* descendientes de judíos y cubanos nacidos en EE UU. Del mismo modo que los judíos han moldeado Miami Beach, la playa ha hecho lo propio con su comunidad judía: aquí se puede comer salmón ahumado con arroz con moros (frijoles), y aunque los hombres ortodoxos llevan kipás y las mujeres, pañuelos en la cabeza, muchos lucen bronceado y tienen despampanantes SUV.

Otra posible escapada natural es el **Altos Del Mar Sculpture Park** (PLANO: 10 P. 38 **D1**; *gratis*), el único espacio verde frente al océano de Miami Beach, que combina arte y ambiente tropical. Este refugio junto al mar tiene grandes esculturas contemporáneas sobre un fondo de vegetación de dunas endémica.

### Adentrarse al distrito playero — BARRIO HISTÓRICO

La zona de Mid-Beach desde 32nd St a 36th St, el **Faena District** (PLANO: 11 P. 38 **B3**; *faena.com; gratis*), debe su nombre a un empresario y promotor inmobiliario argentino, y es la respuesta de Miami Beach a Wynwood. Se puede pasar la mañana en este distrito entregado al diseño, cuyo carácter urbano nace de la intersección de las artes y el comercio minorista. La zona está presidida por el **Faena Forum** (PLANO: 12 P. 38 **B4**), un sueño arquitectónico que programa espectáculos, exposiciones, conferencias y demás actos en un edificio circular diseñado por Rem Koolhaas.

Cerca está **Faena Hotel Miami Beach** (PLANO: 13 P. 38 **B4**), donde imperan las telas con estampado animal y el empleo generoso de coral y conchas marinas como elementos decorativos. La icónica escultura *Mammoth Garden,* de Damien Hirst, aparece día y noche en las redes sociales. Y cada habitación cuenta con servicio de mayordomo porque, claro, esto es Miami. Por último, los compradores de lujo deberían acercarse al **Faena Bazaar** (PLANO: 14 P. 38 **B3**). Ubicado en un hotel histórico, cuenta con cuatro pisos de caros artículos para el hogar y muebles para visitantes que disponen de mucho espacio en su equipaje.

### Disfrutar de un parque — PARQUES

Si se quiere disfrutar del aire libre en el agradable clima tropical de Miami, hay que ir a la zona norte de Miami Beach. Con un parque infantil, campos verdes, un bosque endémico *(hardwood hammock),* un manglar y vistas del río Oleta, el **Greynolds Park** (PLANO: 15 P. 38 **C1**), de 100 Ha, es ideal para disfrutar del aire puro y para que los niños corran.

Aquí la atracción estelar al aire libre es el **Oleta River State Park** (PLANO: 16 P. 38 **C1**; *floridastateparks.org/OletaRiver; 6 US$ por vehículo para hasta 8 personas*). En casi 404 Ha, es el parque urbano más grande del estado y uno de los mejores para escapar de las multitudes. Permite navegar hasta la isla de manglares, ver el vuelo de las águilas o relajarse en una playa sin ínfulas. Y para llegar a estos manglares y ensenadas, hay un proveedor que ofrece salidas guiadas y autodirigidas. Se alquilan kayaks, piraguas, tablas de surf de remo y bicicletas de montaña para explorar este tramo del norte de la bahía Vizcaína por cuenta propia.

### Conocer el alegre frente de la bahía — BARRIO

Lejos de Ocean Dr y cerca de Lincoln Rd, los paseos con palmeras y un enclave comercial frente a la bahía atraen a los vecinos y los viajeros más interesados en las tiendas independientes, galerías, cafés al aire libre y pastelerías que en la ostentación, las discotecas y la alta costura. Todo eso y más es lo que da el barrio de **Sunset Harbour** (PLANO: 17 P. 36 **A2**) en el lado de la bahía del muy carismático Miami Beach.

Se puede empezar el día con la bollería recién hecha de **True Loaf Bakery** (PLANO: 18 P. 36 **B1**; *trueloafbakery.square.site*), prestigiosa panadería que vende divinos cruasanes, tartas y *kouign amann* (riquísimo hojaldre con mantequilla al estilo bretón).

A poca distancia está **Sunset Clothing Co** (PLANO: 19 P. 36 **B1**; *Instagram.com/sunsetclothingco*), una maravillosa *boutique* de moda con prendas que no cuestan una fortuna, aunque tampoco son baratas: camisas de buena calidad, camisetas de algodón, zapatillas de lona con cordones, vaqueros (también Levi's *vintage*), jerséi gruesos y piezas informales.

### Contemplar los veleros PARQUE

PLANO: 20 P. 36 **B2**

El **Maurice Gibb Memorial Park** está a 5 min a pie del Bayfront Park. Este pequeño espacio verde con palmeras junto al mar tiene un parque infantil, bancos y prados. Aquí se viene a sacar al perro, a correr o con la familia y los críos. Con un telón de veleros y Venetian Causeway, es un buen sitio para disfrutar de las vistas.

## EL MEJOR ARTE ALTERNATIVO

**World Erotic Art Museum**

PLANO: 21 P. 36 **D4**

(WEAM) Una asombrosa colección de arte erótico que incluye antiguos manuales sexuales, explícitas esculturas precolombinas y obras de Picasso y Rembrandt.

**The Betsy Orb**

PLANO: 22 P. 36 **E3**

Cerca del paseo arbolado y peatonal de Española Way, está la gigantesca escultura de una pelota blanca de playa encajada en una calleja entre Ocean Dr y Collins Ave.

**Poetry Rail**

PLANO: véase 22 P. 36 **E3**

Cerca del Orb, este muro de metal está grabado con las palabras de 12 poetas dedicadas a la población multicultural y geografía única de Miami.

**South Pointe Park Lighthouse**

PLANO: 23 P. 36 **C8**

En el South Pointe Park, esta instalación de 17 m es obra del artista alemán Tobias Rehberger y representa un faro hecho con aluminio y cristal esmerilado.

### Asistir a un espectáculo exitoso o local ARTES ESCÉNICAS

Si se prefiere pasar el tiempo viendo espectáculos en lugar de estar en la playa, no hace falta cruzar un puente hasta Downtown Miami.

Se podría empezar yendo al New World Center, obra de Frank Gehry y sede de la **New World Symphony** (PLANO: 24 P. 36 **D2**; *nws.edu*), la principal sala de conciertos de Miami Beach. Aquí, muchos jóvenes músicos disfrutan de becas de tres años, y presenta cada año conciertos de música clásica, espectáculos de danza y mucho más. En el contiguo SoundScape Park, se ofrecen conciertos y cine gratuitos WallCast bajo las estrellas. En un espacio *art déco*, el **Fillmore Miami Beach** (PLANO: 25 P. 36 **D2**; *fillmore-miami.com*), en el Jackie Gleason Theater, programa a monologuistas, *ballet*, cantautores y demás. Y el **Miami City Ballet** (PLANO: 26 P. 36 **E1**; *miamicityballet.org*) también tiene su sede en Miami Beach, en el Ophelia & Juan Js. Roca Center de 5853 m², que suele estrenar espectáculos de la compañía de *ballet*, una de las más distinguidas de EE UU.

**LOS MEJORES PARQUES URBANOS**

**Lummus Park** (p. 44)
PLANO: véase 2 P. 36 **E4**
Abarca 10 manzanas de South Beach, con el océano Atlántico a un lado y Ocean Dr al otro.

**Collins Park**
PLANO: 28 P. 36 **E1**
Pequeño espacio verde con prados cuidados y un baobab gigante, entre el Holocaust Memorial y la playa, ideal para relajarse.

**Flamingo Park**
PLANO: 29 P. 36 **C4**
Los deportistas invaden sus canchas y campos de tenis, balonmano, baloncesto, fútbol y más.

**SoundScape Park**
PLANO: 30 P. 36 **D2**
Un parque urbano de 1 Ha junto al New World Center, que acoge los conciertos WallCast y cine para toda la familia.

**South Pointe Park**
PLANO: 31 P. 36 **D8**
Maravilloso espacio verde y playa en la punta sur de Miami Beach con un parque infantil, senderos y zonas de pícnic.

## Ponerse artísticos en el Oolite Arts

ARTES

PLANO: 27 P. 36 **C3**

Antaño conocido como ArtCenter/South Florida South Beach, este espacio expositivo alberga docenas de estudios de artistas, muchos abiertos al público. **Oolite Arts** también propone residencias muy demandadas, reservadas a artistas que no tienen una gran visibilidad, un buen sitio para descubrir a talentos emergentes. Como las exposiciones cambian cada mes, la propuesta siempre es estimulante y vanguardista.

Además de arte también hay una tienda de grabados, que abre con cita previa (correo electrónico: *printshop@oolitearts.org*), y las instalaciones acogen cursos de arte, virtuales y presenciales.

# Lo mejor para...

$ Económico  $$ Medio  $$$ Alto

Localizaciones en los planos de las **pp. 36 y 38**



## Comer

### Pescado y marisco

**Joe's Stone Crab $$$**
32 P. 36 **D8**
Hay que probar las pinzas de cangrejo, de temporada y sostenibles, en este clásico de South Beach (con salsa de mostaza, imprescindible). *joesstonecrab.com, 17.00-22.00 lu y ma, 11.30-22.00 mi, ju y do, hasta 23.00 vi y sa*

**Mercato della Pescheria Miami Beach $$**
33 P. 36 **D3**
Animado mercado italiano de pescado y marisco en South Beach con pescado fresco y chuletones deliciosos en la carta. *mercatodellapescheria.com, 11.30-23.30 do-ju, hasta 12.30 vi y sa*

**Stiltsville Fish Bar $$**
34 P. 36 **B2**
Diáfano restaurante con mesas dentro y fuera, y una carta con camarones al coco, ceviche y pargo rojo, entre otros platos. *stiltsvillefishbar.com, 12.00-22.00 lu-ju, hasta 23.00 vi, 11.00-23.00 sa, hasta 22.00 do*

**Lobster Shack $$**
35 P. 36 **D2**
En Lincoln Rd y frente a la playa, este lugar triunfa con sus generosos *lobster rolls* (bocadillos de bogavante) hechos con ricos ingredientes de Maine. *lobstershackmiami.com, 11.00-24.00*

### 'Diners'

**11th Street Diner $$**
36 P. 36 **D5**
Para comer fabulosos camarones y sémola de maíz, y sándwiches en un reluciente vagón Pullman retro traído en 1992 desde Wilkes-Barre, Filadelfia. *eleventhstreetdiner.com, 7.30-0.00 do-ju, 24 h vi y sa*

**Puerto Sagua $**
37 P. 36 **D6**
Este querido *diner* lleva desde 1962 sirviendo enormes raciones de *ropa vieja* cubana. *puertosagua.org, 7.00-23.00*

**Big Pink $**
38 P. 36 **D7**
Para disfrutar de *comfort food* de *gourmet* y de un ambiente retro donde los platos del día se sirven en una bandeja de acero inoxidable. *mylesrestaurantgroup.com/big-pink/, 8.00-24.00*

**Arlen Beach Restaurant $**
39 P. 38 **D3**
Desayunos estadounidenses, cocina cubana, *bagels* y salmón ahumado, empanadas y tortitas, todo muy rico en un mismo sitio. *arlenbeachrestaurant.com, 9.30-21.00 do y lu, hasta 15.00 ma, 10.00-21.00 mi y ju, 9.30-22.00 vi y sa*

### Para una cita romántica

**MILA $**
40 P. 36 **C2**
Con un bar de azotea de estilo *omakase* (donde se deja al chef que decida), este estiloso restaurante de cuatro conceptos se lleva a los comensales de odisea gastronómica desde el Mediterráneo a Japón. *mila-miami.com, horario variable*

**Mac's Club Deuce.**

### RAO's $$$

41 P. 36 **E3**

Exclusivo restaurante italiano en el Loews Miami Beach Hotel conocido por su bar crudívoro de pescado y marisco, sus *antipasti* y su cocina napolitana. *raosonmiamibeach.com, 17.30-22.00 do-ju, hasta 23.00 vi y sa*

### Forte dei Marmi $$$

42 P. 36 **D7**

Este restaurante italiano de la costa, con un chef con dos estrellas Michelin al timón, ocupa un edificio que recuerda una villa toscana. *fdmmiami.com, horario variable*

### Baires Grill $$

43 P. 36 **E1**

La genuina parrillada argentina para dos triunfa, pero también las milanesas, al estilo bonaerense. *bairesgrill.com, 12.00-23.00 do-ju, hasta 23.30 vi y sa*

## Beber

### Coctelerías

### Sweet Liberty

44 P. 36 **E1**

Bármanes simpáticos preparan cócteles excelentes entre velas parpadeantes y una larga barra de madera. *mysweetliberty.com, 16.00-4.00*

### Broken Shaker

45 P. 38 **A5**

Bar muy bien surtido que crea cócteles muy bien preparados, para beber entre las luces tenues de un precioso jardín. *freehandhotels.com, 17.00-2.00*

### Bares

### Mac's Club Deuce

46 P. 36 **D4**

El Deuce, el bar más antiguo de Miami Beach, es el antro de barrio por excelencia. *macsclubdeuce.com, 8.00-5.00*

**Kill Your Idol**

47 P. 36 **D3**

Adorable local *hipster* con grafitis y estanterías llenas de chucherías retro. *20.00-5.00*

**Twist**

véase 36 P. 36 **D5**

Los DJ y las *drag queens* no dejan lugar al aburrimiento en esta discoteca gay de dos pisos con siete barras. *twistsobe.com, 15.00-5.00*

**Bob's Your Uncle**

48 P. 38 **C2**

Bar de barrio, agradable e informal, con cócteles clásicos, cerveza fría y los juegos de siempre, mucho espacio para sentarse y uno de los ambientes más relajados de Miami Beach. *bobsyourunclemiami.com, 15.00-3.00*

### Cafeterías

**Panther Coffee**

49 P. 36 **B2**

Cafetería de especialidad en Sunset Harbour conocida por su tueste en pequeñas cantidades y su interior industrial chic. *panthercoffee.com, 7.00-17.00*

**Shepherd Artisan Coffee**

50 P. 36 **D5**

Desayunos todo el día y favorito en Collins Ave por sus pastelitos y cafés cargados. *shepherdartisan.com, 7.00-20.00*

**Malua Cozy Coffee**

51 P. 36 **B5**

Para tomarse un *latte* de Oreo o un café exprés más convencional, y probar las empanadas de este lugar tan especial. *maluacozycoffee.com, 7.00-16.00 lu-vi, 8.00-15.00 sa y do*

**Cortadito Coffee House**

52 P. 36 **D4**

Cuenta con cafeterías en Lincoln Rd y Washington Ave, pero en esta es donde hay que probar el legendario cafecito cubano, fuerte y dulce. *cortaditocoffeehouse.com, 7.00-22.00*

## Comprar

### Todo en uno

**Bal Harbour Shops**

53 P. 38 **C1**

Este centro comercial al aire libre es la cúspide de las tiendas exclusivas como Chanel, Gucci y Prada en Miami Beach, inmersas en un exuberante marco tropical. *balharbourshops.com, 11.00-22.00 lu-sa, 12.00-18.00 do*

**Fifth and Alton**

54 P. 36 **C6**

Centro comercial de varios pisos con tiendas esenciales como Target, Publix y Best Buy, todas a mano para que cualquiera pueda comprar artículos del día a día. *8.00-22.00*

**Española Way**

55 P. 36 **D3**

Una encantadora calle peatonal con *boutiques* de artesanías y recuerdos únicos que combina el aire europeo con la vibrante cultura de Miami. *visitespanolaway.com, 10.00-23.00*

### Tiendas de lujo

**Kith Miami Beach**

56 P. 36 **E1**

Una elegante *concept store* que aúna ropa urbana de lujo, zapatillas y artículos de última tendencia. Aquí se encontrarán productos de edición limitada y una clientela estilosa. *kith.com, 11.00-20.00*

Sugerencias de lugares para comer, beber y comprar en **p. 70**

# Explora
# Downtown Miami

En Downtown Miami y Brickell historia y lujo moderno confluyen. En su día centro comercial y punto clave del nacimiento de la ciudad, la zona se ha convertido en el núcleo financiero de Miami. Brickell, otrora sembrada de mansiones señoriales, se convirtió en la "Wall Street del sur", con su silueta recortada por rascacielos. Downtown, hasta hace poco muerto fuera del horario de oficinas, hoy está lleno de vida con su oferta de artes, ocio y centros residenciales de lujo. Los imponentes bloques de pisos, los bares de azotea y los parques costeros definen esta zona, fusionando la historia de Miami con un nuevo glamur.

## Cómo desplazarse

### Metromover
El Metromover, gratuito y automático, opera en ambos barrios. Cuenta con tres rutas circulares -Omni, Brickell e Inner- y da fácil acceso a las principales atracciones, hoteles y núcleos de transporte.

### Trolebús
Los trolebuses gratuitos tienen varias rutas por Downtown y Brickell, conectando destinos clave como Bayside Marketplace, Brickell City Centre y varios museos.

### A pie
Es fácil recorrer a pie toda la zona: hay calles peatonales, paseos fluviales y puentes que comunican hoteles, zonas comerciales y centros de entretenimiento.

**LO MEJOR**

**DISCOTECA DE MIAMI**
E11EVEN Miami (p. 69)

**PARA NIÑOS**
Phillip & Patricia Frost Museum of Science (p. 67)

**UN BUEN ESPECTÁCULO**
Adrienne Arsht Center for the Performing Arts (p. 58)

**PASEO JUNTO A LA BAHÍA**
Bayfront Park (p. 60)

**PARAÍSO CONSUMISTA**
Brickell City Centre (p. 71)

**Brickell (p. 66).**
MDV EDWARDS/SHUTTERSTOCK ©

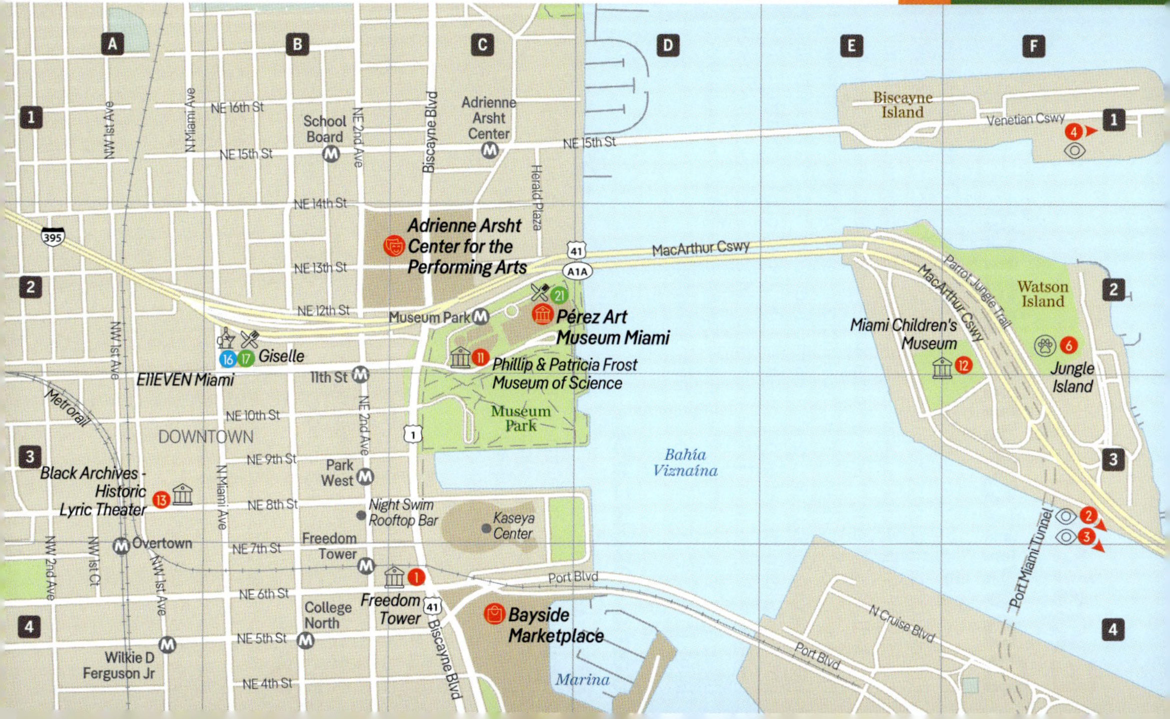
A
B
C
D
E
F
1
2
3
4
Biscayne Island
Venetian Cswy
NE 16th St
NE 15th St
School Board
Adrienne Arsht Center
Biscayne Blvd
NE 2nd Ave
N Miami Ave
NW 1st Ave
Herald Plaza
NE 14th St
Adrienne Arsht Center for the Performing Arts
NE 13th St
MacArthur Cswy
Parrot Jungle Trail
Watson Island
NE 12th St
Museum Park
Pérez Art Museum Miami
Miami Children's Museum
Giselle
Phillip & Patricia Frost Museum of Science
Jungle Island
EllEVEN Miami
11th St
Metrorail
NE 10th St
Museum Park
DOWNTOWN
Bahía Viznaína
NE 9th St
Park West
Black Archives - Historic Lyric Theater
NE 8th St
Night Swim Rooftop Bar
Kaseya Center
Port Miami Tunnel
Overtown
NE 7th St
Freedom Tower
Port Blvd
NW 2nd Ave
NW 1st Ct
NE 6th St
College North
Freedom Tower
Bayside Marketplace
N Cruise Blvd
NE 5th St
Wilkie D Ferguson Jr
NE 4th St
Marina

Más información
Imprescindible p. 56
Experiencias p. 64
Comer p. 70
Beber p. 71
Comprar p. 71
0 500 m
Lummus Island
Bahía Vizcaína
Brickell Key
Brickell Key Dr
Bayfront Park
Miami Riverwalk
Chopin Plaza
Bayfront Park
Knight Center
College/ Bayside
Government Center
HistoryMiami Museum
Biscayne Blvd Way
Riverwalk Cafe
Puente de Brickell Avenue
Brickell Park
Komodo
Underline
DOWNTOWN
BRICKELL
Metrorail
Río Miami
Puentes sobre el río Miami
Brickell Ave
Brickell Bay Dr
Brickell Plaza
S Miami Ave
NE 2nd Ave
NE 3rd St
NE 2nd St
1st St
E Flagler St
W Flagler St
SE 1st St
SW 1st St
SE 2nd St
SW 2nd St
SE 3rd St
Third St
Riverwalk
SE 4th St
5th St
SE 5th St
SE 6th St
SE 7th St
8th St
SW 7th St
SW 8th St (Calle Ocho)
SW 9th St
SW 10th St
SW 11th St
SW 1st Ave
SW 1st Ct

★ IMPRESCINDIBLE

# Pérez Art Museum Miami

En Miami hay muchas galerías prestigiosas y museos interesantes, pero el Pérez Art Museum Miami *(pamm.org; adultos/jóvenes 18/14 US$)* está a otro nivel. Este maravilloso museo fue diseñado por la firma de arquitectos Herzog & de Meuron, ganadora del Premio Pritzker. El arte contemporáneo de primera magnitud luce espectacular en estas galerías luminosas a orillas de la bahía Vizcaína.

PLANO: P. 54 **C2**

**CONSEJO**
Se puede entrar gratis al PAMM el primer jueves y el segundo sábado de cada mes. También es gratuito el primer fin de semana del mes si se tiene una tarjeta de Bank of America, a través del programa Museums on Us.

Escanea este código QR para conocer la programación del PAMM.

## El edificio

El PAMM es un referente arquitectónico que aúna elementos tropicales y diseño moderno. Inaugurado en el 2013, el museo, de 18 580 $m^2$, se eleva sobre una plataforma con vistas a la bahía Vizcaína. El diseño incorpora el ecosistema del sur de Florida, con una marquesina sostenida por esbeltas columnas que parecen raíces de manglar y una fachada que alterna cristal, madera y hormigón. Al principio, los jardines colgantes eran de plantas endémicas regadas con agua de lluvia. Aunque se sustituyeron por vegetación artificial en el 2023 por problemas de mantenimiento, siguen siendo un elemento característico. Está diseñado para asegurar una conexión fluida entre espacios interiores y exteriores, permitiendo a los visitantes vivir el entorno tropical de Miami mientras disfrutan del arte contemporáneo.

## El interior

El PAMM presenta exposiciones de artistas consolidados y emergentes. La colección permanente cambia a menudo, con obras de los últimos 80 años. Ha habido exposiciones temporales de artistas como Ai Weiwei, Julio Le Parc y Robert Rauschenberg, entre otros. Las galerías abiertas permiten vivir una experiencia

MARIAKRAY/SDHUTTERSTOCK ©

intuitiva e inmersiva, en espacios livianos y luminosos, con grandes ventanales que enmarcan las impresionantes vistas de la bahía, integrando el mundo exterior en la experiencia museística.

## Mucho más que arte

Se puede descansar en el café del museo, con una carta de inspiración local y mesas frente al mar. El cercano Museum Park conecta el PAMM con el Phillip & Patricia Frost Museum of Science (p. 67), creando un epicentro cultural junto a la bahía. Los espacios públicos aledaños, con sus prados y senderos, son una extensión del museo, que lo dotan de una atmósfera animada e informal. La terraza frente al mar cuenta con mesas a la sombra, y el Museum Park ofrece un tranquilo espacio verde. En las tumbonas y asientos al fresco es posible ensimismarse con las vistas a la bahía, lo que convierte al PAMM no solo en un museo, sino también en un lugar de encuentro.

**UNA PAUSA**
El **Night Swim Rooftop Bar,** en el citizenM Miami Worldcenter, no solo abre de noche. Ofrece fantásticos aperitivos y amplias vistas de la ciudad y la bahía.

★ IMPRESCINDIBLE

# Adrienne Arsht Center for the Performing Arts

Corazón cultural de Miami, el Adrienne Arsht Center for the Performing Arts *(arshtcenter.org)* es uno de los edificios más icónicos del mundo, a la altura del Lincoln Center de Nueva York o de la Ópera de Sídney. Este complejo es una piedra angular de la escena de las artes de Miami y acoge *ballet,* ópera, espectáculos de Broadway y teatro de vanguardia.

PLANO: P. 54 **C2**

**CONSEJO**
Se ofrecen circuitos guiados gratis (90 min) los lunes y sábados a las 12.00, pero hay que llamar antes para reservar.

## Espacios para la creación

El Adrienne Arsht Center for the Performing Arts es una prueba más del compromiso de Miami con la creación de espacios artísticos. La Ziff Ballet Opera House, para 2400 espectadores, es famosa por su forma de herradura, para garantizar la visibilidad perfecta de óperas y demás espectáculos de primer orden. Al cruzar la calle está el Knight Concert Hall, quizá la joya del centro, de tres pisos y una acústica intachable, construido para amplificar hasta la nota más sutil. El Carnival Studio Theater, un espacio versátil de 300 localidades, programa producciones más pequeñas y obras experimentales.

## Epicentro de un perfil urbano cambiante

Cuando el Arsht Center se inauguró en el 2006, era un oasis cultural en una zona desangelada de Downtown. Hoy está en medio de un paisaje urbano en constante evolución. Desde sus miradores se aprecia mejor ese perfil urbano que tanto ha cambiado con los años, con nuevos rascacielos que reflejan el crecimiento económico y cultural de la ciudad. Todo ello ayudó a impulsar la regeneración del barrio aledaño, consolidando su papel como pilar de la transformación de Miami.

Escanea este código QR para comprar las entradas en línea. La taquilla abre 90 min antes del espectáculo.

FELIX MIZIOZNIKOV/SHUTTERSTOCK ©

## Un centro para todos

El Arsht Center es más que una simple sala de espectáculos porque ofrece todo el año programas públicos, divulgación educativa y actos para la comunidad que llegan no solo al tradicional público aficionado al teatro. Los conciertos gratuitos, los talleres de danza y las charlas con artistas permiten a residentes y visitantes acercarse a las artes. El centro es, además, el seno de muchas compañías residentes, como la Florida Grand Opera y el Miami City Ballet, lo que asegura una rica y variada programación. Las colaboraciones habituales con artistas internacionales y un programa que incluye producciones en gira lo convierten en un puente que conecta Miami con la escena global de las artes: nunca se sabe quién o qué es lo que vendrá, pero seguro que será fabuloso.

**UNA PAUSA**

A 10 min a pie del Arsht Center está **Vice City Bean,** un tostadero local de café y cafetería de especialidad con un buen surtido de pastas.

★ IMPRESCINDIBLE

# Bayfront Park

Mientras el extremo este de Miami Beach es un paraíso de arena, el de Downtown Miami incluye un verde oasis urbano. El Bayfront Park *(bayfrontparkmiami.com)* regala vistas fabulosas de la bahía Vizcaína, la ciudad y el transitado puerto de Miami. Es un lugar excelente para pasear sin prisas, hacer un pícnic junto al mar y gozar de experiencias culturales como conciertos al aire libre, sesiones de yoga gratis e incluso clases de trapecio.

PLANO: P. 54 **C5**

**CONSEJO**
Consultar la agenda del **Kaseya Center,** al norte del parque, sede de los Miami Heat de la NBA y de grandes conciertos durante todo el año.

Escanea este código QR para información sobre las clases de yoga gratis en el parque.

## Aterrizar en lugares emblemáticos

Rediseñado en la década de 1980 por el famoso artista y arquitecto paisajista Isamu Noguchi, el Bayfront Park crea un ambiente acogedor para todo tipo de visitantes. El parque está sembrado de esculturas y monumentos conmemorativos que añaden profundidad a su pintoresca belleza. En la esquina suroeste, el *Challenger Memorial* recuerda a los astronautas fallecidos en la tragedia del transbordador espacial de 1986 con una obra que evoca una hélice de ADN y el transbordador en sí. Cerca, la abstracta *Light Tower,* de 12 m, es un guiño a los farolillos japoneses y a las noches de luna de Miami. *The Slide Mantra,* por su parte, es una espiral de mármol que hace las veces de tobogán para los críos.

## ¿Conciertos y emociones de altos vuelos?

El mundo del espectáculo ocupa cada vez más el Bayfront Park. El Klipsch Amphitheater acoge importantes conciertos con vistas al mar, y el Tina Hills Pavilion es un espacio más íntimo con espectáculos gratuitos en primavera. Aparte de música, el parque también es epicentro de actividades únicas. Los deportistas pueden estirar en clases de yoga gratuitas y los más atrevidos, volar con las clases de trapecio en la escuela

PAPA BRAVO/SHUTTERSTOCK ©

del parque. También hay un parque infantil si se viaja en familia. Cada año, el Bayfront Park se convierte en el epicentro de importantes eventos en Miami, como el famoso Ultra Music Festival y la mayor fiesta de Año Nuevo de la ciudad, con fuegos artificiales sobre la bahía Vizcaína.

## Comprar, comer y divertirse junto a la bahía

Justo al lado, **Bayside Marketplace** es un animado complemento a la visita al Bayfront Park. Este complejo comercial y del entretenimiento al aire libre tiene de todo, desde puestos de recuerdos a restaurantes junto al mar. Se puede comprar un sándwich cubano en Havana 1957, tomar un mojito en Mambo Café o salir en lancha por la bahía Vizcaína.

**UNA PAUSA**
Dos manzanas al oeste del parque está **Julia & Henry's,** una zona de restauración de cinco pisos, con 25 restaurantes y tres bares.

CIRCUITO A PIE

# Paseo por Downtown Miami

Downtown Miami se reinventa constantemente a través de la construcción y de su denodado afán por estar siempre a la última. Para saber qué es lo que se lleva en la ciudad y descubrir a sus residentes más en la onda, solo hay que seguir este circuito por los rincones más despampanantes de Miami.

| INICIO | FINAL | DURACIÓN |
| --- | --- | --- |
| El Sitio Coffee Bar | Coyo Taco | 4 km; 4 h |

### 1 Desayuno y café

Se empieza desayunando comida callejera y café venezolano en **El Sitio Coffee Bar,** un lugar moderno y acogedor donde destacan, cómo no, las arepas, las empanadas, la cachapa (pan de maíz) y el café con leche, el combustible perfecto para iniciar el paseo.

### 2 Un espacio verde urbano

Oasis urbano de 13 Ha a orillas de la bahía Vizcaína es escandaloso cuando hay algún concierto en su gran escenario, pero los demás días se respira tranquilidad en el **Bayfront Park** (p. 60). Cuenta con senderos, parques infantiles, espacios de pícnic e instalaciones de arte público obra de Isamu Noguchi.

### 3 Caminar por el paseo fluvial

El río Miami está orillado por una preciosa yuxtaposición de construcciones artificiales y maravillas naturales. Desde **Miami Riverwalk** (p. 66) hay que mirar hacia arriba para ver los icónicos rascacielos de Downtown Miami y hacia abajo para buscar delfines y manatíes.

### 4 Sobre el río

Si se cruza el río Miami por el **puente levadizo de Brickell Avenue** se verá la silueta de Downtown en todo su esplendor. Desde el puente se pueden hacer buenas fotos y ver el bronce de 5 m del escultor nacido en Cuba Manuel Carbonell de un guerrero tequesta (indígenas que habitaban la zona de Miami) que corona el imponente Pillar of History.

### 5 Lugar de interés histórico

Al este de Brickell Ave aguarda una rareza arqueológica, el **Miami Circle National Historic Landmark,** que señala el lugar donde se hallaron 24 agujeros formando un círculo perfecto en la piedra caliza. Es la única estructura prehistórica permanente tallada sobre un lecho de roca en el este de EE UU.

### 6 Bajo la línea

La **Underline,** que aprovecha el espacio de debajo del Metrorail, es la forma más nueva para mantenerse activo en Miami. Hoy está abierto al público un tramo de 800 m (en un futuro tendrá 16 km) que cuenta con un gimnasio al aire libre, una cancha de baloncesto, juegos de mesa, un sendero y carril-bici, un mariposario y más.

### 7 Tacos que dan que hablar

Un clásico de Miami donde refrescarse y reponer fuerzas es **Coyo Taco.** Como el local de Brickell está en una calle que da a la Underline, es el colofón perfecto a este circuito, con comida callejera mexicana (tacos, burritos, guacamole recién hecho, etc.) y margaritas cargados.

EXPERIENCIAS

### Deslizarse en el Metromover TRANSPORTE

El tren elevado que recorre las zonas más densamente pobladas de Miami es el **Metromover** *(miamidade.gov; gratis)*, un monorraíl eléctrico creado para descongestionar el tráfico en Downtown y Brickell. Aunque no ha logrado solucionar el problema de los atascos, se ha convertido en un medio de transporte muy apreciado por miles de personas que se desplazan a diario por Downtown. Además, es genial ver el centro de Miami desde arriba, entre desfiladeros de rascacielos, y gratis.

Inaugurado en 1986, el Metromover tiene una estética retrofuturista. Cuenta con tres líneas circulares –Omni, Inner y Brickell– de 7 km cada una que comunican lugares emblemáticos como el Bayfront Park (p. 60), el Kaseya Center (p. 60) y el Adrienne Arsht Center (p. 58). También ofrece magníficas vistas de la **Freedom Tower** (PLANO: 1 P. 54 **C4**), inspirada en la Giralda de la catedral de Sevilla. Los trenes circulan de 5.00 a 24.00 cada 3 min (con más frecuencia en horas punta), siete días a la semana.

### Ir a toda velocidad en una lancha TRANSPORTE

El océano Atlántico solo está a un paso de Downtown Miami. Se puede salir en barco con una de las compañías que zarpan de Bayside Marketplace (p. 61), en la costa de Downtown. Si se quiere disfrutar de la velocidad, **Thriller Miami Speedboat Adventures** *(thrillermiami.com, 45 US$ por persona)* ofrece salidas (45 min) con lancha al estilo *Miami Vice* (no se garan-

El Metromover.

tiza ver a Don Johnson) en sus tres veloces catamaranes por la bahía Vizcaína, pasando por las mansiones de **Fisher Island** (PLANO: 2 P. 54 **F3**) y **Star Island** (PLANO: 3 P. 54 **F3**). **Island Queen Cruises** *(islandqueencruises.com; adultos/niños 35/25 US$)* ofrece una salida más pausada (90 min) en un barco privado con cubierta superior abierta y salón climatizado que pasa por lugares como **Millionaire's Row** (PLANO: 4 P. 54 **F1**), Miami Beach y el **puerto de Miami** (PLANO: 5 P. 54 **E5**).

En ambos circuitos, impresiona ver la costa y los rascacielos de Downtown Miami desde las aguas turquesas, enmarcados por la naturaleza tropical de la ciudad.

## Diversión en Jungle Island

ZONA DE ENTRETENIMIENTO

PLANO: 6 P. 54 **F2**

En Watson Island, una mota de tierra entre Downtown Miami y South Beach, **Jungle Island** *(jungleisland.com; adultos/niños 44/28 US$)* es un lugar emblemático del sur de Florida y un parque de aventuras ecológicas. De esos sitios que solo se espera encontrar en Miami.

Aquí se verá a capibaras dándose la vida padre junto a toda una arca de Noé de criaturas: aves tropicales, caimanes, chimpancés, lémures, perezosos y muchas más. Jungle Island es diversión con olor a excrementos, uno de esos sitios a los que los niños (con razón) ruegan ir, así es que lo mejor es claudicar y prepararse para disfrutar de las plumas de colores y del perfume natural en esta selva artificial y autónoma.

También hay puentes de cuerdas, un túnel de viento, un *escape room* y Adventure Bay, con rocódromos y *puenting* apto para niños. Hasta se puede salir de paseo por las copas de los árboles, algo único en el sur de Florida. Todas estas actividades, claro está, tienen un coste adicional.

### BAJO LAS VÍAS

El Metrorail comunica Downtown con barrios residenciales como Coral Gables y Coconut Grove. Pero aquí lo que interesa es lo que hay debajo del Metrorail: el **Underline,** un parque lineal que está previsto tenga 16 km, con un coste estimado de 146 millones de dólares, que discurrirá bajo gran parte de las vías del Metrorail. El parque se terminará en el 2026, y la segunda fase, la que va de Brickell a Vizcaya Station, se inauguró en el 2024. En el Underline se imparten clases semanales de yoga (toda una tradición en los parques de Miami) y hay un gimnasio al aire libre, un jardín de meditación, senderos y carril-bici.

PLANO: 7 P. 54 **A8**

### Callejear por el corazón financiero de Miami BARRIO

**Brickell** *(brickell.com)* es, quizá, el barrio más lujoso de Miami, y eso es mucho decir. Al sur de Downtown, tiene fama de ser el principal barrio financiero del sur de Florida. Aunque sigue conservando esa identidad, ahora se le ha añadido una nutrida oferta de restaurantes, bares y discotecas.

El río Miami marca la frontera norte de Brickell, con el bonito **puente de Brickell Avenue** (PLANO: 8 P. 54 **C7**), entre SE 4th St y SE 5th St. A un lado del puente hay una estatua de bronce de un guerrero tequesta (indígenas que habitaban la zona que hoy es Miami) apuntando al cielo con su arco. El puente está decorado con relieves que homenajean a vecinos de la ciudad como Julia Tuttle, ecologista de los Everglades. Para ver las esculturas se recomienda llegar a pie, para ahorrarse una de las redes viarias más complicadas de Miami.

**Brickell Key,** a la que vale la pena desviarse, es una isla que forma parte de Brickell. Asemeja un puercoespín flotante, con torres de cristal a modo de púas.

### Pasear por Miami Riverwalk PASEO JUNTO AL RÍO

Los indios tequesta fueron los primeros en asentarse aquí, donde el río Miami desemboca en la bahía Vizcaína, pero, a lo largo de los siglos, este territorio ha experimentado una drástica transformación.

Un paseo peatonal ciñe toda esta geografía viva, recorriendo la orilla norte del río mientras atraviesa Downtown. Serpentea entre altos bloques de pisos y almacenes deteriorados, con pequeños remolcadores que arrastran barcos por la espejada superficie. Por la bahía regresa la flota pesquera con la captura del día, mientras los yates entran y salen.

Por la noche, se puede ver la silueta iluminada de Brickell desde **Miami Riverwalk** (PLANO: 9 P. 54 **D6**)

### LA HISTORIA DE BISCAYNE BOULEVARD

Trazada en la década de 1920 para ser la calle comercial de Miami, Biscayne Blvd abrió al tráfico vehicular en 1927 y despegó como un bólido. En la década de 1950, se decía que Frank Sinatra, Sammy Davis Jr. y Dean Martin frecuentaban el Vagabond Hotel, uno de los muchos hoteles que en su día flanqueaban el bulevar. La evolución de Miami como ciudad queda reflejada en la variedad de edificios que lo flanquean, desde la Freedom Tower, de la época del *boom,* a los edificios *art déco* de las décadas de 1930 y 1940, y las torres de oficinas actuales que albergan consulados y consultorías.

FOTOLUMINATE LLC/SHUTTERSTOCK ©

Miami Riverwalk.

y a menudo se distinguen manatíes y delfines jugueteando en este inusual y transitado escenario urbano. Solo hay que sentarse a la sombra de los árboles tropicales para disfrutar de las vistas.

Para beber algo o disfrutar de una comida de fusión estadounidense e hispanoamericana, hay que ir al **Riverwalk Cafe** (PLANO: 10 P. 54 **B6**; *hyatt.com*) en el Hyatt Regency Miami.

### Embarcarse en una rápida ruta por museos

MUSEOS

Se puede empezar en el **Phillip & Patricia Frost Museum of Science** (PLANO: 11 P. 54 **C2**). A las familias les encanta el planetario (con 250 butacas), aunque el acuario de tres pisos, con especial atención a los arrecifes coralinos de Florida y a las criaturas de los Everglades, encandila al público de cualquier edad. Entre las exposiciones recientes, destaca *Feathers to the Stars,* que repasa la evolución del vuelo, desde los dinosaurios al viaje espacial.

Desde aquí se puede ir al **Miami Children's Museum** (PLANO: 12 P. 54 **F2**), a pie (15 min) o en el Metromover. En este museo interactivo los niños pueden tocar música, descubrir el mundo submarino y dibujar en las paredes, además de jugar con bloques de construcción o manipular la gravedad.

Para terminar, se va en coche (10 min) o bicicleta al **Black Archives-Historic Lyric Theater** (PLANO: 13 P. 54 **A3**), un lugar emblemático de 1913 en el que actuaron leyendas del *jazz* como Duke Ellington. Hoy, presenta exposiciones sobre el patrimonio afroamericano de Miami. Hay que ver *Visions of Freedom*, que explica al detalle la historia de los derechos civiles en la zona.

## Objetivo: historia de Miami

MUSEOS

Para entender el Miami actual, hay que conocer el polifacético y fascinante pasado de Florida. Esta tierra de esclavos fugitivos, guerreros indígenas, gánsteres, piratas, turistas y caimanes tiene una historia única, que necesita un lugar especial donde se explique.

El **HistoryMiami Museum** (PLANO: 14 P. 54 **A5**; *historymiami.org, adultos/niños 15/8 US$*), afiliado al Smithsonian y alojado en el Miami-Dade Cultural Center, entreteje todas las historias de las sucesivas oleadas poblacionales de la región, desde los amerindios a los nicaragüenses.

Las exposiciones interactivas muestran la vida entre los seminolas y las primeras industrias de Florida, como la recolección de esponjas marinas. Otras secciones profundizan en las historias de las comunidades judía y afroamericana en South Beach, los refugiados cubanos (donde no falta una precaria embarcación que sobrevivió a la travesía hasta Florida) y la expresión cultural en espacios públicos, desde el arte urbano a las protestas y los vehículos tuneados.

Programan circuitos y eventos especiales todo el año, incluidos los días familiares temáticos como el dedicado al Carnaval cubano y los cruceros guiados por historiadores hasta **Stiltsville** (PLANO: 15 P. 54 **B8**), un pueblo construido sobre pilotes en la bahía Vizcaína.

### LA ELLIS ISLAND DEL SUR

La profusamente ornamentada Freedom Tower, imposible pasar por alto en Biscayne Blvd, se terminó en 1925 y es una de las dos torres que quedan inspiradas en la Giralda de la catedral de Sevilla. Una suerte de Ellis Island del sur, funcionó como centro de asistencia para el casi medio millón de refugiados cubanos que llegó durante la década de 1960. Inscrita en el Registro Nacional de Lugares Históricos en 1979, la torre también alberga el Miami Museum of Art & Design (MOAD), con exposiciones que van de la escultura contemporánea a la fotografía histórica. La torre y el MOAD reabrirán en el 2025 con una experiencia inmersiva, a tiempo para celebrar su centenario.

## De fiesta en E11EVEN

VIDA NOCTURNA

La vida nocturna de Miami nunca duerme, como bien demuestra el **E11EVEN Miami** (PLANO: 16 P. 54 **B2**; *11miami.com*). Este megaclub (discoteca, cabaré y sobrecarga sensorial a partes iguales) abre 24 h y siete días a la semana, redefiniendo así el ocio nocturno. A pocos pasos de Downtown, reúne a DJ de renombre y a artistas de primera línea -Drake, Cardi B y Diplo han actuado aquí- junto a deslumbrantes trapecistas y *gogós* bajo pantallas LED.

Su energía no tiene parangón, con unos bajos que retumban en el espacio lujosamente diseñado y cubierto de neones. Aquí lo que se lleva es el servicio VIP, pero aunque uno solo vaya para ver el ambiente se sentirá como si hubiera entrado en otra dimensión.

Antes de ir a la discoteca, se puede subir en ascensor a **Giselle** (PLANO: 17 P. 54 **B2**), el restaurante de la azotea donde sirven excelentes cócteles y platos de fusión asiática para calentar antes de sumergirse en la locura de abajo. Y antes de irse, hay que hacerse con una gorra de E11EVEN Miami, un *souvenir* que indica que uno ha sobrevivido (y triunfado) en el club más legendario de la ciudad.

## Cena y fiesta todo en uno en Komodo

RESTAURANTE Y FIESTA

PLANO: 18 P. 54 **C8**

Pocos lugares capturan la energía del *clubstaurant* (híbrido de restaurante y club) de Miami como **Komodo** *(komodomiami.com)*, una creación de David Grutman que aúna fiesta nocturna y alta cocina del sureste asiático. En el corazón de Brickell, este popular local de tres pisos declara sus intenciones con sensual iluminación roja, un vistoso interiorismo de inspiración selvática y una barra frenética que roba protagonismo a la experiencia gastronómica.

Grutman, artífice de otros imanes de famosos como Papi Steak, Casadonna y Gekko, sabe cómo crear ambiente y así lo demuestra en Komodo, con sesiones de DJ, una clientela moderna que bebe cócteles de autor y un particular "nido de aves" flotante que parece salido de un sueño balinés. La carta es tan atrevida como el ambiente. El pato pequinés es la estrella indiscutible, cortado junto a la mesa a la perfección. El *lo mein* a la trufa triunfa por su sabor a *umami,* y los rollos de atún y *toro* (ventresca de atún) y la lubina chilena al *miso* gustarán a los amantes del *sushi*. Cenar aquí es toda una experiencia.

SUGERENCIAS

# Lo mejor para...

$ Económico $$ Medio $$$ Alto

Localizaciones en el plano de la **p. 54**

## Comer

### Chic

**Quinto $$**
19 B7
Sugerente azotea con plantas tropicales e increíbles cócteles y cocina de fusión. *quintomiami.us, horario variable*

**NIU Kitchen $$**
20 B5
Elegante restaurante de exquisita cocina catalana, a menudo para compartir, con una carta de vinos de infarto. *niukitchen.com, 17.30-22.00 ma-do*

**Verde $$**
21 C2
En el Pérez Art Museum Miami, gusta mucho por sus deliciosos platos con ingredientes frescos de mercado y su evocador entorno. *pamm.org, 11.00-16.00 vi-lu, 11.00-20.00 ju*

**River Oyster Bar $$**
22 B7
Cerca del río Miami, este animado lugar propone excelente pescado y marisco. *therivermiami.com, 12.00-22.30*

### De todo el mundo

**Pollos & Jarras $$**
23 C5
Local peruano que sirve un pollo a la barbacoa excepcional. *pollosyjarras.squarespace.com, horario variable*

**Bonding Thai $$**
24 B7
Diversas cocinas asiáticas, como la tailandesa, la japonesa y la coreana, comparten un entorno moderno y de moda. *bondingthaimiami.com, horario variable*

**Soya e Pomodoro $$**
25 B5
Un refugio italiano bohemio donde se puede comer pasta fresca entre pósteres *vintage*. *soyaepomodoro.com, horario variable*

**CVI.CHE 105 $$**
26 C5
Los ceviches exquisitamente presentados maridan bien con una ronda de cócteles peruanos. *ceviche105.squarespace.com, 12.00-22.30 do-ju, hasta 23.30 vi y sa*

### 'Clubstaurants'

**Giselle $$$**
véase 17 B2
Un opulento restaurante y *lounge* de azotea que combina influencias francesas y asiáticas en un marco lujoso y ultraglamuroso. *gisellemiami.com, 18.00-1.00 do-mi, hasta 3.00 ju-sa*

**Sexy Fish $$$**
27 B8
Animada importación londinense que sirve atrevidos platos japoneses en un espacio surrealista lleno de arte. *sexyfishmiami.com, 12.00-24.00 do-mi, hasta 1.00 ju-sa*

**Komodo $$$**
véase 18 C8
Popular y cara cocina del sureste asiático con espacios a cubierto y al fresco. Destacan el pato pequinés y un *lounge*. *komodomiami.com, 12.00-24.00 do-mi, hasta 1.00 ju-sa*

**Zuma $$$**
28 C6
Este elegante favorito junto al agua sirve cocina moderna japonesa en un ambiente bullicioso pero sofisticado. *zumarestaurant.com, 12.00-23.00 lu-sa, 11.30-23.00 do*

# Beber

## Locales de moda

### Rosa Sky

29 A7

Coctelería de azotea en Brickell con vistas asombrosas de Downtown Miami. *rosaskyrooftop.com, 16.30-2.00 ma-sa, 14.00-1.00 do*

### Blackbird Ordinary

30 A7

Lugar de copas que cierra tarde, con cócteles excelentes que atraen a la gente del barrio. *blackbirdordinarymiami.com, 15.00-5.00*

### E11EVEN Miami

véase 16 B2

Discoteca de varios pisos y "patio de recreo" donde la experiencia inmersiva está garantizada. *11miami.com, horario variable*

### Sugar

31 B7

Para disfrutar de cócteles creativos y vistas de la bahía Vizcaína en una terraza tropical de azotea. *easthotels.com, horario variable*

## Para muy cafeteros

### Puroast Coffee

véase 24 B7

Para tomarse una taza suave de café de acidez baja y mucho sabor preparado con un proceso de tueste ligero. Un lugar acogedor y sencillo, para tomar o llevar. *puroast.com, 7.00-18.00 lu-vi, 8.00-18.00 sa y do*

### Pasión del Cielo

32 B8

Un referente en Brickell para los puristas del café, con variedad de granos de origen único, tostados a la perfección. *pasiondelcielocoffee.com, 7.00-21.00 lu-vi, 8.00-21.00 sa y do*

## Coctelerías

### Baby Jane

33 B7

Mitad coctelería y mitad bar de fideos, es un pilar de Brickell con luces de neón donde fluye la diversión. *babyjanemiami.com, 12.00-3.00*

### Mama Tried

34 B5

Bar de estilo setentero con un aire a bar clandestino, enormes lámparas metálicas y una estética retro chic. *16.00-5.00 lu-vi, 17.00-5.00 sa y do*

### Lost Boy

35 B5

Enorme *pub* con muebles cubanos *vintage*, paredes de ladrillo vista y maderas nobles. *lostboydrygoods.com, horario variable*

### Black Market

36 B6

El bar de deportes en mayúsculas, con TV de HD por doquier, cervezas frías y comida de *pub* estadounidense. *blackmarketmia.com, horario variable*

# Comprar

## Centros comerciales

### Brickell City Centre

37 B7

Un elegante paraíso al fresco con primeras marcas de moda, *boutiques* con lo último y una zona de restauración exclusiva. *brickellcitycentre.com, 10.00-21.30 lu-sa, 12.00-19.00 do*

### Bayside Marketplace

véase Bayside Marketplace C4

Centro comercial y de ocio lleno de tiendas de recuerdos, restaurantes informales y música en directo, con vistas impresionantes a la bahía Vizcaína. *baysidemarketplace.com, 10.00-22.00 lu-sa, 11.00-21.00 do*

### Mary Brickell Village

38 B8

Reúne *boutiques* locales, tiendas elegantes y restaurantes animados, una combinación ideal para dar un paseo o disfrutar de un *brunch* el fin de semana. *marybrickellvillage.com, 10.00-21.00 lu-sa, 12.00-18.00 do*

Sugerencias de lugares para comer, beber y comprar en **p. 85**

# Explora Wynwood y el Design District

En Wynwood y el Design District colisionan la energía creativa y el diseño de lujo. Wynwood, otrora un centro de naves industriales y fábricas, cambió a principios de los 2000 cuando artistas y emprendedores transformaron los centros fabriles en atrevidas galerías de arte urbano, modernas cervecerías y restaurantes experimentales. Al norte, el Design District pasó de ser un distrito olvidado a un edén culinario y comercial de lujo. Hoy estos enclaves vecinos ofrecen un marcado contraste: Wynwood es crudo y artístico, y el Design District, elegante y cuidado. Juntos son un ejemplo del estilo siempre cambiante de Miami.

## Cómo desplazarse

### Autobuses y trolebuses

Con el Metrobus y el Miami Trolley es fácil llegar a Wynwood desde Downtown Miami: en la ruta 2 del primero o en el gratuito trolebús Biscayne-Brickell.

### A pie

Hay 1,6 km a pie entre Wynwood y el Design District. No es la ruta más panorámica, pero es directa.

### Automóvil y taxis

Hay muchos aparcamientos en la calle pero son de pago. Por la noche, lo más seguro y práctico es moverse en taxi o Uber.

★

**LO MEJOR**

**GRAFITI**
Wynwood Walls (p. 76)

**ARTE CONTEMPORÁNEO**
Margulies Collection at the Warehouse (p. 82)

**MERCADO DEL MOMENTO**
Wynwood Marketplace (p. 80)

**REFUGIO GASTRONÓMICO**
Smorgasburg Miami (p. 81)

**El muralista Ktano, Wynwood.**
FELIX MIZIOZNIKOV/SHUTTERSTOCK ©

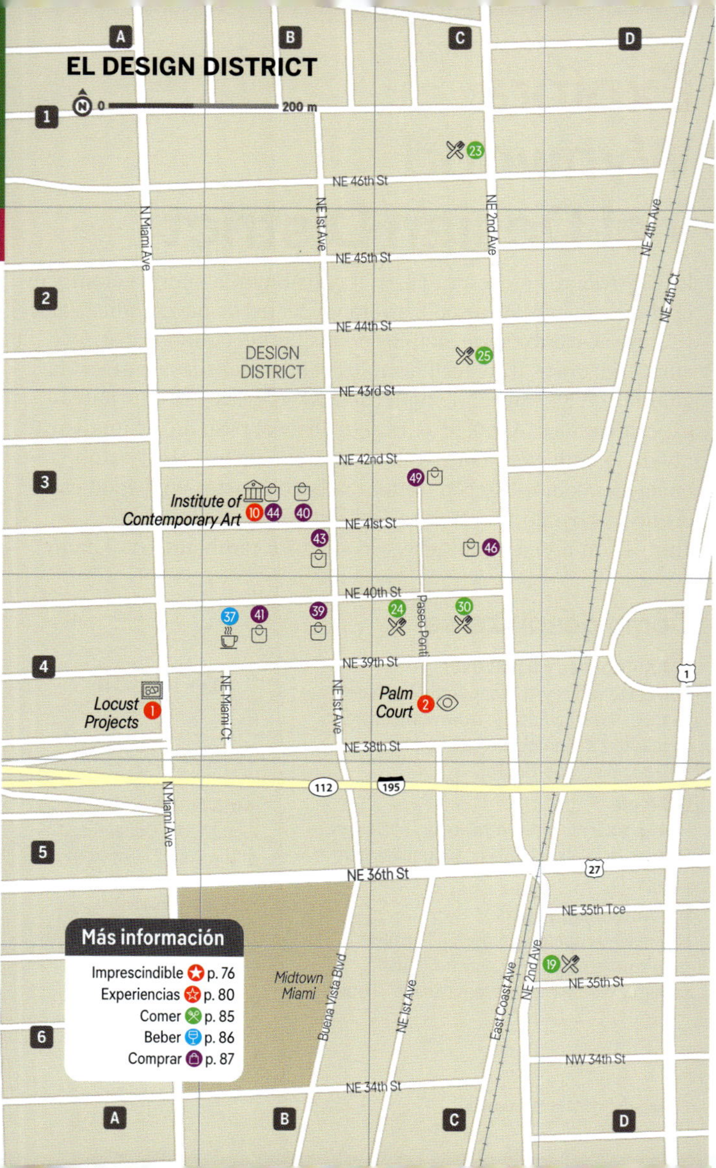
EL DESIGN DISTRICT
0 200 m
A
B
C
D
1
2
3
4
5
6
NE 46th St
NE 45th St
NE 44th St
NE 43rd St
NE 42nd St
NE 41st St
NE 40th St
NE 39th St
NE 38th St
NE 36th St
NE 35th Tce
NE 35th St
NW 34th St
NE 34th St
N Miami Ave
NE 1st Ave
NE 2nd Ave
NE 4th Ave
NE 4th Ct
NE Miami Ct
Paseo Ponti
Buena Vista Blvd
East Coast Ave
DESIGN DISTRICT
Institute of Contemporary Art
Locust Projects
Palm Court
Midtown Miami
23
25
49
10
44
40
43
46
37
41
39
24
30
1
2
19
112
195
1
27
Más información
Imprescindible p. 76
Experiencias p. 80
Comer p. 85
Beber p. 86
Comprar p. 87

WYNWOOD
0
200 m
Más información
Imprescindible p. 76
Experiencias p. 80
Comer p. 85
Beber p. 86
Comprar p. 87
Enriqueta's
Cervecería La Tropical
Casa La Rubia
Mayami
Wynwood
Gramps
1-800-Lucky
R House
Smorgasburg Miami
Zak the Baker
Museum of Graffiti
Wynwood Walls
Wynwood Marketplace
Mana Wynwood
Margulies Collection at the Warehouse
Dante's HiFi
Bakehouse Art Complex
NE 2nd Ave
NE 28th St
NE 29th St
NE 27th St
N Miami Ave
NW Miami Ct
NW 1st Ave
NW 1st Ct
NW 2nd Ave
NW 3rd Ave
NW 5th Ave
NW 6th Ave
NW 7th Ave
NW 32nd St
NW 31st St
NW 30th St
NW 29th St
NW 28th St
NW 27th St
NW 26th St
NW 25th St
NW 24th St
NW 23rd St
NW 22nd La
NW 22nd St
95
441

★ IMPRESCINDIBLE

# Wynwood Walls

La creación de Wynwood Walls levantó un revuelo en el mundo del arte contemporáneo que aún hoy perdura. Se trata de una serie de vistosos murales saturados de color que cubren un antiguo barrio de naves industriales. Artistas de todo el mundo han aportado su toque a esta galería al aire libre que ha convertido el barrio en epicentro de arte público en constante cambio.

PLANO: P. 75 **C3**

**CONSEJO**
El espacio abre de 10.30 a 18.30 cada día. Como casi todo es al aire libre, se recomienda ir por la mañana temprano o a media tarde para evitar el calor.

Escanea este código QR para conocer los circuitos temáticos por el lugar.

## Un lienzo transformado

En el 2009, el urbanista Tony Goldman vio potencial en las apagadas paredes de las naves industriales de Wynwood. Invitó a famosos artistas urbanos para que decoraran esos lienzos en blanco, creando lo que ahora es uno de los museos de arte urbano más famosos del mundo: **Wynwood Walls** *(wynwoodwalls.com; adultos/niños 12 US$/gratis)*. El proyecto empezó con seis naves, cuyas macizas fachadas ciegas sirvieron de espacio sobre el que pintar grandes murales. Desde el principio, los muros exhibieron la obra de leyendas internacionales del arte urbano, como Shepard Fairey (autor de *Obey* y *Hope*), Os Gemeos de Brasil e Invader de Francia. Hoy, más de 100 artistas de 21 países han dejado su impronta, como Aiko de Japón y Alexandre Farto (o Vhils) de Portugal, que no pinta sino que "graba", a veces con un martillo neumático, retratos hiperrealistas sobre hormigón.

Uno de los aspectos más extraordinarios de Wynwood Walls es su naturaleza efímera. La vida media de un mural aquí es de menos de un año antes de que otro artista pinte encima. Cada visita es única, lo que refleja la esencia en constante evolución del arte urbano.

MATTHEWS MARKS GALLERY/CORTESÍA DE ART BASEL ©

## Art Basel y más allá

Lo que empezó siendo un experimento ambicioso se ganó el reconocimiento global cuando llegó a la ciudad el **Art Basel Miami Beach** *(artbasel.com)*, una muestra de arte internacional (foto) celebrada cada mes de diciembre. Miles de amantes del arte y coleccionistas acudieron a Wynwood para ver los impactantes murales de grandes dimensiones. El lugar se convirtió en un imán cultural, ayudando a estimular la transformación del por entonces depauperado barrio, hoy uno de los más animados de Miami. Aunque el arte cambie, los temas siguen siendo atrevidos. Muchos murales abordan la indigencia, la brutalidad policial, el materialismo y la desigualdad social, y otros plasman paisajes oníricos de ciencia ficción o retratos de iconos como Martin Luther King Jr, Bob Marley o Yoda.

**UNA PAUSA**
**Panther Coffee** (p. 86), la primera cafetería del barrio y una de las favoritas de Miami, prepara café de goteo y un *latte* que roza la obra de arte. Uno puede relajarse en su patio mientras ve la vida pasar.

CIRCUITO A PIE

# Paseo por el Design District

En el Miami Design District están las tiendas internacionales más lujosas, intercaladas entre muestras de arte público, murales y restaurantes exclusivos con una clientela a la que le gusta derrochar. Toda la zona es muy agradable para pasear: se reduce a un cuadrado de dos por cinco manzanas (aprox.), ideal para familias y parejas.

| INICIO | FINAL | DURACIÓN |
| --- | --- | --- |
| Institute for Contemporary Art | City View Garage | 1 km; 3 h |

### 1 Lienzo vanguardista

Se comienza con las exposiciones de obras vanguardistas de artistas emergentes y consolidados en el **Institute of Contemporary Art.** Hay que visitar las exposiciones temporales, el jardín escultórico y las instalaciones interactivas, todas gratis. Cabe esperar una mezcla de arte experimental, exposiciones inmersivas y una dinámica programación cultural. Circuito guiado gratuito cada día.

### 2 Un paraíso estilo pop

La siguiente parada es **Paradise Plaza** para ver dos de las maravillas arquitectónicas del distrito. La fachada de Johnston Marklee & Associates refleja el cielo de Miami con sus elementos que acentúan el tejido urbano del barrio. Tolila + Gilliland usaron azulejos de terracota inspirados en los colores del entorno natural de Miami en adornos que beben de la rica historia local.

### 3 Arcos urbanos

El impecable **Jade Alley** es el telón definitivo, con piezas como *Arches* de Daniel Toole, altos arcos de hormigón que evocan acueductos romanos, creados para inspirar asombro e intimidad. Se hicieron con moldes de madera que dejaron una huella natural dotándolos de organicidad. Jade Alley también acoge obras de Urs Fischer, Amani Lewis y Virgil Abloh.

### 4 Acuáticos fuera del agua

Es posible fundirse con el arte en **Paseo Ponti,** un lugar donde sentirse niño de nuevo en *Conscious Actions,* coloridos columpios de gt2P; subirse al *Support System,* trepadores diseñados por Dozie Kanu; y descansar bajo las sombras azules y verdes de las estructuras escultóricas que albergan peces y vegetación acuática creadas por los hermanos Ronan y Erwan Bouroullec.

### 5 Como una jungla

Podría ser un set de una película de ciencia ficción, pero en realidad son las innovadoras piezas de Buckminster Fuller, Xavier Veilhan y Sou Fujimoto las que ocupan **Palm Court** (p. 80). *Fly's Eye Dome* es una holgada cúpula geodésica que recuerda el ojo de una mosca. También hay un gigantesco busto de Le Corbusier que sale del suelo bajo una marquesina de cristal y acero que crea la ilusión de una cascada.

### 6 Aparcamiento estilo pop

**City View Garage** no es solo un aparcamiento: es una audaz declaración arquitectónica. Diseñado por artistas y arquitectos, sus vibrantes fachadas lucen paneles azules de aluminio de Leong Leong y una impresionante malla metálica de IwamotoScott. Esta fusión de funcionalidad y arte lo convierten en un referente del Design District.

## EXPERIENCIAS

### Aventurarse en el Design District

ARTE Y ARQUITECTURA

Hasta los *parkings* del Design District tienen algo de diseño, con lo que cada rincón de este barrio depara una cuidada experiencia visual. Un punto de referencia es **Locust Projects** (PLANO: 1 P. 74 **A4**; *locustprojects.org; gratis*), el espacio de arte experimental sin ánimo de lucro más veterano de Miami. Desde 1998 ha exhibido la obra de más de 250 artistas, apostando por las instalaciones *site-specific* (diseñadas para un lugar en particular) que desafían los límites creativos. A diferencia de las galerías comerciales, Locust Projects prioriza el proceso de creación de una obra y, a veces, las ideas descabelladas, a menudo todo aquello que no encajaría en espacios de arte más convencionales.

Cerca, **Palm Court** (PLANO: 2 P. 74 **C4**) es, al mismo tiempo, una plaza peatonal y un espacio expositivo de arte público de grandes dimensiones, especialmente cuando se acerca la Art Basel. La zona está presidida por la *Fly's Eye Dome* de Buckminster Fuller, una cúpula geodésica de 7 m diseñada en la década de 1960. Tiendas de marcas de lujo rodean la plaza, convirtiéndola en un epicentro para que los entusiastas del diseño disfruten del paisaje. Vale la pena darse una vuelta por aquí.

### Beberse unas cervezas

CERVEZA Y CERVECERAS

Sin duda Wynwood es más conocido por sus murales, pero su oferta de cervezas artesanas no ha dejado de crecer junto a su arte. Entre las más populares está la **Cervecería La Tropical** (PLANO: 3 P. 75 **E3**; *cerveceríalatropical.com*), de profundas raíces cubanas. Fundada en La Habana en 1888, la marca fue revivida en Miami, donde, en esta cervecería con terraza, ofrece *lagers* de la casa, música en directo y una carta de tentempiés caribeños. Combina el ambiente de bar de deportes con espacios al aire libre con plantas exuberantes. A unas manzanas, **Casa La Rubia** (PLANO: 4 P. 75 **E3**; *larubia.beer*), antes Veza Sur, tiene una oferta más selecta: *lagers* europeas de pequeñas producciones, una buena alternativa a las IPA más fuertes que dominan el mercado de cerveceras del sur de Florida.

### Explorar las atracciones de Wynwood Marketplace

ESPACIOS COMERCIALES Y SOCIALES

PLANO: 5 P. 75 **C4**

**Wynwood Marketplace** *(wynwoodmarketplace.com)* es un espacio amplio y al fresco con puestos de alimentación, tiendas efímeras, espectáculos y actividades sociales inesperadas. Es, a un tiempo, mercado nocturno, cervecería con terraza y espacio para eventos, cuya energía cambia según el momento del día y del año. Para hacer algo especial, hay que visitar **Sip & Pickle** *(sipandpickle.com; desde 58 US$/h)*, un bar junto a una pista de *pickleball* donde se puede jugar un partido informal mientras se toma una copa. Si no se ha jugado nunca a este juego, no hay que preocuparse: el ambiente es más social que competitivo. El marco de contenedores invita a hacerse selfis artísticas. El mercado cuenta con vendedores de joyas artesanas, comida callejera hispana, etc. Por la noche cobra protagonismo la zona de bar, con DJ y sesiones temáticas que congregan a lugareños y turistas.

## Empezar el día con energía en Zak the Baker

PANADERÍA Y CAFÉ

PLANO: 6 P. 75 C3

**Zak the Baker** *(zakthebaker.com)* es una de las panaderías más queridas de Miami, toda una institución en el barrio que atrae a un flujo constante de clientes por su pan, bollería y comidas *delicatessen*, todo sencillo pero muy bien hecho. Apuesta por la masa madre de fermentación natural, con una carta que cambia según temporada y las directrices de la dieta *kosher*. Se forman colas que llegan a la calle, sobre todo los fines de semana por la mañana, pero avanza rápido. Su principal reclamo son los panes, con variedades como masa madre rústica, pan con semillas de centeno y pan trenzado *jalá*. Para comer, se podrá escoger entre platos de pescado ahumado, *shakshuka*, sándwiches hechos con gruesas rebanadas de pan de la casa y mucho más. Las raciones son generosas. Los productos selectos de Zak the Baker también se venden en algunos supermercados de Whole Foods *(wholefoodmarkets.com)*.

## Probarlo todo en Smorgasburg Miami

MERCADO DE ALIMENTACIÓN

PLANO: 7 P. 75 C3

**Smorgasburg Miami** *(smorgasburgmiami.com)* es un mercado de alimentación al aire libre con un elenco rotativo de

### BACARDÍ EN MIAMI

La antigua sede de Bacardí en Miami, en 2100 Biscayne Blvd, es una obra maestra de arquitectura tropical y figura en el Registro Nacional de Lugares Históricos. La principal atracción es un edificio tipo joyero exquisitamente decorado de 1973, que parece planear sobre el suelo, sostenido por un pilar central. Piezas de vidrio de 2,5 cm de grosor revisten el exterior formando un audaz motivo mesoamericano creado a partir de un mosaico del artista alemán Johannes M. Dietz. También aquí está el otro edificio, este de 1963, un bloque revestido con 28 000 azulejos azules y blancos que crean un asombroso diseño en cerámica del artista brasileño Francisco Brennand.

**LOS MEJORES MUSEOS DE BARRIO**

**Margulies Collection at the Warehouse**

PLANO: 8 P. 75 **B3**

Un famoso espacio de arte contemporáneo con instalaciones de fotografía, escultura y vídeo en una enorme nave reconvertida.

**Museum of Graffiti**

PLANO: 9 P. 75 **C3**

El primer museo del mundo dedicado al grafiti muestra la evolución del arte urbano a través de exposiciones, murales y retrospectivas.

**Institute of Contemporary Art**

PLANO: 10 P. 74 **B3**

Entrada gratuita y exposiciones de artistas emergentes y consolidados en un espacio sofisticado.

vendedores que pregonan desde tacos a postres *gourmet*. Empezó en Brooklyn, pero la versión de Miami se ciñe al mismo modelo, alternando diferentes comercios pequeños e independientes de alimentación. Los puestos varían cada semana, aunque siempre hay comida callejera, platos veganos y postres experimentales. Se recomiendan especialmente los *corn dogs* coreanos, las empanadas argentinas y las tortitas *soufflé* japonesas, todo ello ideal para triunfar en Instagram. El espacio del mercado es informal, con sitios para sentarse dispersos, aunque la mayoría de la gente opta por comer de pie o en bancos compartidos. Está en un *parking* de gravilla, lo que le añade más encanto. En los puestos más populares se forman largas colas, sobre todo en fin de semana. Conviene llevar protección solar porque el sol es abrasador.

## Entrar al antiguo Miami en Enriqueta's

COMIDA LOCAL

PLANO: 11 P. 75 **F2**

Antes de que Wynwood se convirtiera en un centro artístico internacional, los vecinos se encontraban en **Enriqueta's** *(facebook.com/enriquetassandwichshop)*, una tradición que no se ha perdido. Este modesto *diner* cubano del Miami de antaño aún resiste, y sigue sirviendo café fuerte, sándwiches generosos y una dosis de nostalgia. Los clientes disfrutan de bocadillos de carne, croquetas y los típicos sándwiches cubanos mientras hablan en español. Los platos del día como lechón asado y picadillo (especiada carne de ternera picada) también tienen mucho éxito.

## Ir al 1-800-Lucky con hambre

COMIDA Y FIESTA

PLANO: 12 P. 75 **D4**

Esta animada zona de restauración asiática fusiona cultura, cocina y fiesta bajo un mismo techo, creando una experiencia deliciosa y evocadora. Al entrar (o salir, porque hay un patio animado) enseguida se notará la sobrecarga sensorial: farolillos rojos, *hip-hop* en los altavoces y una clientela

ROZENSKIP/SHUTTERSTOCK ©

Zak the Baker (p. 81).

estilosa que disfruta de unos cócteles en la elegante barra. La comida es también exquisita: *bao* de panceta de cerdo, boles con *sashimi,* alitas de pollo al estilo tailandés, etc. A medida que avanza la noche, **1-800-Lucky** *(1800lucky.com)* pasa a ser una animada fiesta al fresco, donde los excelentes cócteles fluyen tan libremente como la conversación. Consejo: reservar una sala privada de karaoke por si apetece cantar y no terminar la noche sin un helado de *matcha* del puesto de delante.

## Callejear por Wynwood CIRCUITOS

Una de las mejores formas de conocer la escena artística de Miami es apuntarse al **Wynwood Art Walk Block Party,** que se organiza el segundo sábado de cada mes. Muchas galerías de Wynwood programan actos especiales e inauguraciones, con bebidas sin parar (no siempre gratis), música en directo, *food trucks* y mercadillos especiales.

También se puede conocer el barrio con el **Wynwood Art Walk** *(wynwoodartwalk.com)*, de nombre muy similar. Se trata de un circuito de 90 min por algunas de las mejores galerías, así como por obras interesantes de arte urbano del barrio. Además ofrece otros recorridos en carrito de golf para conocer los mejores grafitis de la zona.

## Sumergirse en R House COMIDA Y FIESTA

PLANO: 13 P. 75 **D2**

**R House** *(rhousewynwood.com)* ofrece algunos de los mejores espectáculos de *drag queens* de Miami. El *brunch* es el momento más sonado: el Drag Brunch de los sábados y domingos, con infinidad de mimosas, enormes platos

### LOS MEJORES LOCALES DE MÚSICA DEL BARRIO

**Gramps**

PLANO: 14 P. 75 **D4**

Un querido bar y escenario que programa conciertos, monologuistas y DJ, con un ambiente retro, cócteles excelentes y un patio espacioso.

**Mayami Wynwood**

PLANO: 15 P. 75 **D4**

Un lugar animado que alterna ritmos latinos, DJ y actuaciones en directo con un atrevido diseño al aire libre.

**Dante's HiFi**

PLANO: 16 P. 75 **B3**

El primer *listening bar* de vinilos de Miami, con una experiencia sónica íntima de alta fidelidad y cuidados sets de DJ en un espacio muy acogedor.

**Mana Wynwood**

PLANO: 17 P. 75 **C4**

Enorme escenario que acoge conciertos, festivales y experiencias musicales de gran formato, como el cada vez más popular festival III Points.

de pollo y gofres, y asombrosas actuaciones de las mejores *drag queens* locales y foráneas. Los enérgicos números, las batallas de *playback* y un simpar ambiente festivo lo han consolidado como favorito de la zona. Los viernes, suele ofrecer una cena festiva, con DJ en directo y artistas. Entre semana, todo está más tranquilo y es un buen momento para apreciar mejor los coloridos murales del restaurante y el elegante espacio.

Consejos: reservar la mesa para el *brunch* con tiempo; se agotan muy rápido. Lo mejor es pedir una mesa cerca del escenario principal para no perderse detalle. Y si a alguien le ven un poco lanzado, seguro que le suben al escenario.

## Ponerse creativo en el Bakehouse Art Complex

ARTE Y CULTURA

PLANO: 18 P. 75 **B1**

En una antigua panadería de la época del *art déco*, el **Bakehouse Art Complex** *(bacfl.org)* es uno de los secretos mejor guardados de Miami para los amantes del arte contemporáneo. Este hiperactivo centro alberga a más de 100 artistas residentes, permitiendo a los visitantes acercarse a la próspera comunidad creativa de Miami. A diferencia de otras galerías convencionales, es un espacio con estudios donde se puede ver a los artistas trabajando, explorar las exposiciones temporales e incluso charlar con ellos sobre su trabajo. Ofrece, además, talleres de cerámica, grabados, dibujo figurativo, etc. Puede participar cualquiera, pero están enfocados a principiantes y a artistas experimentados que quieran perfeccionar su técnica. El primer viernes de cada mes, durante las Open Studio Nights, se puede curiosear en los estudios, disfrutar de demostraciones en vivo y descubrir piezas únicas a la venta.

# Lo mejor para...

$ Económico $$ Medio $$$ Alto

Localizaciones en los planos de las pp. 74-75





## Comer

### Gastronomía internacional

**La Latina $**
19 p. 74 **D6**
Popular entre los vecinos para comer arepas, cerdo deshebrado y favoritos venezolanos. *lalatinamiami.com, 9.00-22.00 do-ju, hasta 16.00 vi y sa*

**Bakan $$**
20 p. 75 **D2**
Ceviche y aguachile (gambas marinadas) en un animado restaurante mexicano con una buena selección de mezcales. *bakanwynwood.com, 12.00-23.00 do-mi, hasta 2.00 ju-sa*

**Piegari $$$**
21 p. 75 **D3**
Restaurante italiano (pasando por Argentina) de lujo cerca de Wynwood conocido por su pasta recién hecha, como los *fettuccine* con gambas y tinta de calamar. *piegari ristorante.com, 12.30-23.00 do-ju, hasta 23.30 vi y sa*

**Rishtedar $$**
22 p. 75 **C3**
Favorito de la comunidad india, con un colorido exterior y unos platos tradicionales e innovadores igual de coloridos. El techo de inspiración floral tampoco tiene desperdicio. *rishtedar.com, 12.00-22.00 do-ju, hasta 23.00 vi y sa*

### Comidas económicas

**Enriqueta's $**
véase 11 p. 75 **F2**
Sencillo *diner* cubano con platos del día y maravillosos sándwiches y café. *7.00-15.00 lu-vi, hasta 14.00 sa*

**1-800-Lucky $**
véase 12 p. 75 **D4**
Zona de restauración asiática en versión miamense, con mucha comida callejera y, además, neones de Wynwood. *1800lucky.com, 12.00-1.00 lu-ju, hasta 3.00 vi-do*

**Lemoni Café $**
23 p. 74 **C1**
Ambiente de café europeo donde se sirven deliciosas torrijas, *paninis* y panqueques con una terraza bastante amplia. *lemonicafe.com, 10.00-20.00*

### El despilfarro bien lo vale

**Michael's Genuine $$$**
24 p. 74 **C4**
Taberna convertida en templo de la nueva cocina estadounidense, que propone *comfort food* con ingredientes locales y un ambiente animado. *michaelsgenuine.com, 11.30-23.00 lu-sa, 11.00-22.00 do*

**Mandolin Aegean Bistro $$$**
25 p. 74 **C2**
Joya mediterránea del Design District, de colores azules y blancos, que sirve lubina, cordero, kebabs y otras exquisiteces a la brasa. *mandolinrestaurant.com, 12.00-23.00*

**Doya $$$**
26 p. 75 **C3**
*Meze* griegos y turcos ideales para compartir en un bullicioso restaurante de Wynwood inspirado en el Egeo. *doyarestau rant.com, 12.00-24.00*

**KYU $$$**
27 p. 75 **C3**
Hay que apostar por el *umami* en este sublime restaurante asiático de Wynwood que domina

el arte de la parrilla japonesa de leña. *kyurestaurants.com, 17.00-22.00 lu y ma, 12.00-22.00 mi-do*

## Panaderías y dulces

### Yann Couvreur Café $$

28 p. 75 **D4**

Local de un chef parisino en el corazón de Wynwood, con clásica pastelería francesa que acelera el corazón. *cafe.yanncouvreur.us, 8.00-18.00 lu-vi, 9.00-19.00 sa y do*

### Dasher & Crank $

29 p. 75 **D4**

Produce una amplia variedad de helados, desde el sorbete de maracuyá al de mojito. *dasherandcrank.com, 12.00-23.00*

### Zak the Baker $

véase 6 p. 75 **C3**

Panadería artesana *kosher* capitaneada por un oriundo de Miami; conocida por su extraordinaria bollería y sus cruasanes con beicon, lechuga y tomate. *zakthebaker.com, 7.00-17.00 do-vi*

### Tablé by Antonio Bachour $

30 p. 74 **C4**

Una *brasserie* chic al estilo parisino con influencias de Miami y Líbano, que sirve excepcionales pastelitos y mucho más. *tablebachour.com, 8.00-19.00 lu-sa, hasta 17.00 do*

# Beber

## Coctelerías

### Dirty Rabbit

31 p. 75 **D3**

Los cócteles de colores, el arte atrevido y los conciertos atraen a los jóvenes más a la última. *thedirtyrabbit.com, horario variable*

### Dante's HiFi

véase 16 p. 75 **B3**

Para disfrutar de un cóctel excelente en un *lounge* relajado que también es *listening room* de vinilos. *danteshifi.com, horario variable*

### Coyo Taco

32 p. 75 **C4**

Un bar secreto, escondido detrás de un puesto de tacos de infarto, donde los DJ atraen a la multitud. *coyo-taco.com, horario variable*

## Copas y ocio

### Gramps

véase 14 p. 75 **D4**

Este lugar súper relajado entusiasma por sus cervezas frías, sus cócteles cargados, sus DJ en directo y los espectáculos de *drag queens* de los jueves. *gramps.com, 12.00-1.00 do-ju, hasta 3.00 vi y sa*

### R House

véase 13 p. 75 **D2**

Los Drag Brunch de los fines de semana gustan mucho, con desmadre, un no parar de sangrías de vino blanco y mojitos. *rhousewynwood.com, horario variable*

### Selvático

33 p. 75 **C4**

Un bar cerca de Wynwood Walls que es como colarse en una selva secreta para beber mojitos. *selvaticowynwood.com, 19.00-3.00 ju-sa*

## Café

### Panther Coffee

34 p. 75 **C3**

Un clásico de Miami para un café de tueste natural en pequeñas producciones y un marco de elegancia industrial. *panthercoffee.com, 7.00-18.00*

### Miam Cafe

35 p. 75 **C2**

Local acogedor y relajado de Wynwood que sirve fabulosos cafés y platos ligeros. *miamcafe.com, 8.00-17.00*

### Salty Donut

36 p. 75 **E4**

Vende toda suerte de enormes dónuts artesanales para acompañar a su café de calidad. *saltydonut.com, 7.00-19.00 lu-vi, 8.00-19.00 sa y do*

### BIGFACE

37 p. 74 **B4**

La incursión de Jimmy Butler, la ex estrella de los Miami Heat, en el café de especialidad, con una barra de café exprés, opciones para llevar y prendas exclusivas. *bigfacebrand.com, 9.00-18.00 lu-sa, hasta 17.00 do*

# Comprar

## Moda

### OFY

38 p. 75 **D3**

Tienda de ropa masculina y femenina cerca de Wynwood Walls con prendas elegantes y cómodas y divertidas colecciones con Florida como tema. *ofyshop.com, 11.00-20.00 lu-sa, 12.00-18.00 do*

### Alice + Olivia

39 p. 74 **B4**

*Boutique* de moda femenina conocida por sus vaqueros de diseñador y sus preciosos vestidos estampados. *aliceandolivia.com, 11.00-20.00*

### Acne Studios

40 p. 74 **B3**

El cuero italiano y el *denim* japonés están entre los materiales selectos en este taller sueco de culto. *acnestudios.com, 11.00-20.00 lu-sa, 12.00-18.00 do*

### GANNI

41 p. 74 **B4**

La favorita de la moda escandinava, lo más *cool* que ha salido de Copenhague. *ganni.com, 11.00-19.00 lu-sa, 12.00-18.00 do*

## Zapatillas y ropa urbana

### Sole Garden

42 p. 75 **C4**

Tienda de zapatillas de alta gama en consigna, con algunas de las más lustrosas del mercado. *thesolegarden.com, 12.00-20.00 lu-sa, hasta 19.00 do*

### Golden Goose

43 p. 74 **B3**

Hay zapatillas, y después está esta prestigiosa marca italiana reconocible por su emblemática estrella. *goldengoose.com, 11.00-20.00 lu-sa, 12.00-18.00 do*

### KITH

44 p. 74 **B3**

Una elegante *concept store* que aúna ropa urbana de primeras marcas, zapatillas y artículos *lifestyle*. Cabe esperar productos de ediciones limitadas, de colaboraciones exclusivas y una clientela estilosa. *kith.com, 11-00-20.00 lu-sa, 12.00-18.00 do*

## Perfumes y belleza

### Osme

45 p. 75 **D3**

Perfumería y farmacia única destinada a los obsesos de las fragancias naturales y los placeres olfativos. *osmeperfumery.com, 11.00-19.00 lu-sa, 12.00-18.00 do*

### Maison Francis Kurkdjian

46 p. 74 **C3**

Perfumería francesa de lujo con fragancias de la casa. *franciskurkdjian.com, 11.00-20.00 lu-sa, 12.00-18.00 do*

## Bañadores y complementos

### Capelle

47 p. 75 **D3**

Alegre y colorida tienda insignia de la marca con sede en Miami. *capellemiami.com, 11.00-19.00 lu-sa, 12.00-18.00 do*

### The Wynwood Shop

48 p. 75 **D3**

Gafas de sol, joyas y elegantes bolsos *pickleball* para la buena vida. *wynwoodshop.com, 11.00-20.00 lu-sa, 12.00-18.00 do*

### Isa Grutman

49 p. 74 **C3**

Colecciones elegantes e intemporales elaboradas con diamantes y piedras preciosas naturales. *isagrutman.com, 11.00-20.00*

★ MERECE LA PENA

# Rubell Museum

El Rubell Museum *(rubellmuseum.org; adultos/jóvenes 15/10 US$)* expone una impresionante colección de obras vanguardistas en un espacio amplio de elegancia industrial. Las cuidadísimas exposiciones muestran piezas atrevidas y provocativas de pesos pesados del mundo del arte, convirtiéndolo en uno de los mejores sitios para tomar el inquieto pulso creativo de Miami y conocer uno de los barrios más florecientes de la ciudad, Allapattah.

**CÓMO LLEGAR**
El museo está en el lado oeste de la Interestatal 95, en el barrio de Allapattah, al oeste de Wynwood. Está a 5 min de Wynwood en coche.

Escanea este código QR para ver la exposición más reciente del museo.

## La evolución de una colección potente

Don y Mera Rubell empezaron a coleccionar arte en 1964 y, durante años, supieron detectar quién sería la próxima gran sensación, dando así forma a una de las colecciones de arte contemporáneo más importante del mundo. Al principio estaba en Wynwood, pero desde que se reubicó en Allapattah en el 2019, el museo ha desempeñado un papel fundamental en la transformación del barrio, que ha dejado de ser un descarnado distrito fabril para convertirse en un centro del arte internacional. Ocupa seis antiguos edificios industriales (4924 $m^2$), reconvertidos por Selldorf Architects en una de las mayores instituciones privadas de arte contemporáneo de Norteamérica.

## Cuarenta galerías de genialidad

Caminar por el Rubell Museum es como asistir a un curso intensivo de los mayores éxitos del arte contemporáneo. Con 40 galerías llenas de obras de pesos pesados como Kehinde Wiley, Jeff Koons, Cindy Sherman y Cady Noland, la colección no solo destaca a los grandes nombres, sino que consolida su influencia. A diferencia de muchas instituciones que dependen de las exposiciones temporales, el Rubell reserva el 65% (aprox.)

ZUMA PRESS/ALAMY STOCK PHOTO ©

de su espacio a las muestras de larga duración y el 35 % a las exposiciones especiales. Para que quien repita no vea siempre lo mismo.

## Un paso por delante

El museo es conocido por sus exposiciones de temáticas delicadas, que suelen abordar temas sociales y políticos. En *30 Americans*, una de sus exposiciones itinerantes más famosas, mostraba las obras de importantes artistas negros como Kara Walker, Hank Willis Thomas y Mickalene Thomas, afrontando la raza, la identidad y la historia de EE UU. Otra de las destacadas es *NO MAN'S LAND* que colocó a las mujeres artistas en primer plano, presentando obras de Cindy Sherman, Cecily Brown y Jenny Holzer. El Rubell no solo colecciona, también forja carreras. Obras de artistas como Keith Haring y Jean-Michel Basquiat fueron adquiridas mucho antes que se hicieran famosos.

**UNA PAUSA**

Apenas 15 min a pie al sureste, se llegará al **World Famous House of Mac,** que deslumbra con sus macarrones con queso, su pollo *jerk,* su barbacoa de ahumados e ingredientes más creativos.

★ MERECE LA PENA

# Superblue Miami

Superblue Miami *(superblue.com; adultos/niños 32/17 US$)* es una experiencia sensorial completa. Este espacio vanguardista programa instalaciones que cambian y reaccionan. Con un plantel de visionarios tecnológicos como teamLab, Es Devlin y James Turrell, aquí el arte entra en otra dimensión.

**CÓMO LLEGAR**
Superblue está frente al Rubell Museum (p. 88). Se podría aprovechar el viaje a Allapattah para visitar los dos.

## Un movimiento artístico aterriza en Miami

La llegada de Superblue en el 2021 marcó un punto de inflexión en la escena artística de Miami, colocando la ciudad en un movimiento global de experiencias artísticas inmersivas. Si bien Miami es conocida por sus murales urbanos y galerías tradicionales, Superblue propone algo totalmente diferente: un patio de recreo interactivo donde juegan tecnología, naturaleza y percepción humana.

Superblue engrosa las filas de museos que exploran la intersección de arte e innovación digital, como teamLab Borderless en Tokio, L'Atelier des Lumières en París y ARTECHOUSE en Washington, DC (y en Miami Beach, también). A diferencia de los museos tradicionales, presenta grandes instalaciones rotativas diseñadas para evolucionar con el tiempo, garantizando que siempre haya algo nuevo por descubrir.

## Entrar en el arte

Superblue Miami lleva el arte inmersivo a la siguiente pantalla, ofreciendo piezas que no solo cuelgan en las paredes, sino que envuelven al visitante. Una de sus instalaciones destacadas es *Massless Clouds Between Sculpture and Life* de teamLab, en la que se camina por nubes flotantes de burbujas que se disuelven al contacto. La experiencia es hipnótica e impredecible, pues cada paso es completamente único. Otra

Escanea este código QR para información sobre exposiciones y entradas.

FOREST OF US BY ES DELVIN/CORTESÍA DE SUPERBLUE ©

pieza asombrosa es *Forest of Us* de Es Devlin (foto), un laberinto de espejos que juega con la luz y los reflejos, creando una experiencia visual desconcertante pero preciosa, inspirada en la estructura de los pulmones humanos.

## Latidos transformados en arte

Superblue no solo es para mirar, sino también para sentir. La instalación *Pulse Topology* de Rafael Lozano-Hemmer convierte a los visitantes en obras de arte viviente. Para ello utiliza sensores biométricos para grabar los latidos de cada corazón individual y transferirlos a 3000 bombillas suspendidas para que palpiten. Al caminar, uno se verá envuelto, literalmente, del brillo del ritmo de la vida. Por su parte, *AKHU* de James Turrell sumerge al visitante en colores de luz pura que cambian, creando un ambiente casi meditativo que engaña a la percepción.

**UNA PAUSA**

Para descansar de la sobrecarga sensorial, **Morgans Restaurant,** a 15 min a pie de Superblue, sirve típica comida estadounidense en una vieja casa convertida en restaurante.

Sugerencias de lugares para comer, beber y comprar en **p. 101**

# Explora
# Little Havana

La cubanidad en Little Havana quizá resulte un tanto impostada, pero conserva su atractivo, con el sonido de las fichas de dominó, el olor a tabaco y los ritmos salseros flotando en el aire. Los muros están cubiertos de murales que aluden a la Revolución cubana, al *hip-hop* o a los Miami Heat. El corazón del barrio, la calle Ocho, donde los vecinos toman el fresco en el Máximo Gómez Park y las galerías exhiben arte contemporáneo, se acelera los fines de semana. Aquí se pueden comprar recuerdos y habanos, tomar un intenso café, disfrutar de la gastronomía y asistir a un concierto de salsa. Little Havana, el barrio cubanoamericano prototípico de EE UU, fue declarado tesoro nacional por la National Trust for Historic Preservation en el 2017.

## Cómo desplazarse

### A pie
Es la mejor forma de empaparse del ambiente. Casi todas las atracciones de la calle Ocho están a un corto paseo y mezclarse con los vecinos forma parte de la experiencia.

### Autobús
Desde la estación de Brickell, el autobús nº 8 pasa cada 10-20 min y tarda 15 min en llegar a Little Havana de forma fácil y asequible.

### Bicicleta
Hay una estación de Citi Bike en la esquina de SW 8th St con 10th Ave.

**Jugando al dominó en el Máximo Gómez Park (p. 100).**
FOTOLUMINATE LLC/SHUTTERSTOCK ©

★

**LO MEJOR**

**CONCIERTOS**
Cubaocho (p. 98)

**DOMINÓ**
Máximo Gómez Park (p. 100)

**ARTE**
Little Havana Art District (p. 98)

**CÓCTELES CUBANOS**
Café La Trova (p. 98)

**CLASES DE SALSA**
Ball & Chain (p. 98)

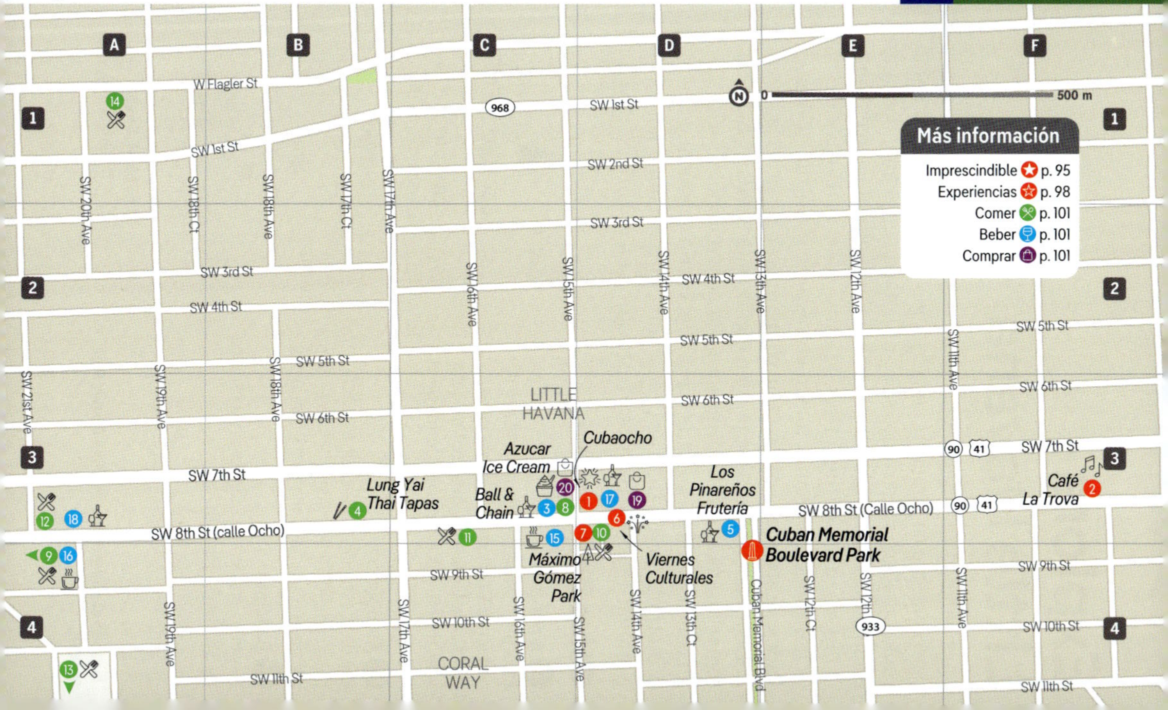
Más información
Imprescindible p. 95
Experiencias p. 98
Comer p. 101
Beber p. 101
Comprar p. 101
0
500 m
N
A
B
C
D
E
F
1
2
3
4
W Flagler St
SW 1st St
SW 2nd St
SW 3rd St
SW 4th St
SW 5th St
SW 6th St
SW 7th St
SW 8th St (calle Ocho)
SW 8th St (Calle Ocho)
SW 9th St
SW 10th St
SW 11th St
SW 21st Ave
SW 20th Ave
SW 19th Ave
SW 18th Ct
SW 18th Ave
SW 17th Ct
SW 17th Ave
SW 16th Ave
SW 15th Ave
SW 14th Ave
SW 13th Ct
SW 13th Ave
SW 12th Ct
SW 12th Ave
SW 11th Ave
Cuban Memorial Blvd
968
90
41
933
LITTLE HAVANA
CORAL WAY
Azucar Ice Cream
Cubaocho
Lung Yai Thai Tapas
Ball & Chain
Los Pinareños Frutería
Café La Trova
Cuban Memorial Boulevard Park
Máximo Gómez Park
Viernes Culturales
1
2
3
4
5
6
7
8
9
10
11
12
13
14
15
16
17
18
19
20

★ IMPRESCINDIBLE

# Cuban Memorial Boulevard Park

Este parque es testimonio de una isla que miles de vecinos de Miami jamás han pisado, pero que sigue siendo una parte esencial de su identidad. Es un espacio alargado que ocupa la mediana de SW 13th Ave y alberga algunos monumentos conmemorativos, que se apreciarán mejor con un poco de contexto cultural.

PLANO: P. 94 **D4**

## Un homenaje a los exiliados cubanos

El Cuban Memorial Boulevard Park tiene algunas zonas donde las familias cubanoamericanas se congregan para honrar el pasado. El elemento más llamativo es la Antorcha Eterna de la Brigada 2506, dedicada a los soldados que murieron durante la fallida invasión de bahía de Cochinos de 1961. Cerca, una estatua de bronce de Néstor "Tony" Izquierdo, veterano de la invasión que más tarde luchó contra el comunismo en Nicaragua, subraya el carácter antitotalitario del parque.

En el parque abundan otros muchos homenajes simbólicos al patrimonio y la cultura cubanos. Una imagen de la Virgen María da la nota espiritual y un busto de Antonio Maceo Grajales, héroe de la Guerra de Cuba, testimonia la lucha de la isla por la independencia. También se puede ver un mapa de bronce de la isla, testimonio de la añoranza de los exiliados por su patria, y la plaza de los Periodistas Cubanos, en memoria de los cronistas que desafiaron el régimen de Castro.

## La ceiba sagrada

Entre SW 10th St y la calle Ocho se eleva una imponente ceiba de raíces ensortijadas y ramas alargadas que tiene un profundo significado espiritual. Según la santería afrocubana, el árbol conecta a los vivos con sus antepasados.

**CONSEJO**

Se recomienda ir pronto por la mañana o al atardecer, cuando hace menos calor y, a veces, se respira un aire más sereno, para tratarse de Miami.

Escanea este código QR para conocer las últimas actividades en el parque.

CIRCUITO A PIE

# Paseo por Little Havana

La Pequeña Habana es el corazón de la cultura cubana en Miami. El barrio vibra con música, arte e historia, como si fuera un portal de comunicación directa con la isla desde EE UU: un mundo de cafecitos, puros y partidas de dominó jalonado de lugares de interés histórico y cafeterías.

| INICIO | FINAL | DURACIÓN |
|---|---|---|
| Máximo Gómez Park | Café La Trova | 1 km; 2 h |

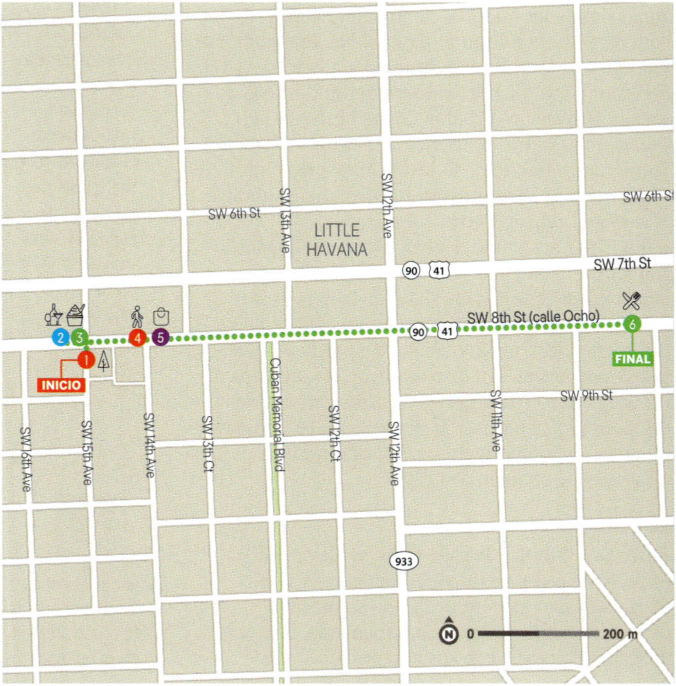

### 1 Un paseo por el parque

El alma de Little Havana, el **Máximo Gómez Park** (p. 100; o Domino Park), embriaga con las animadas charlas y el sonido de las fichas de dominó. En este espacio social se reúnen los vecinos cada día para jugar unas partidas. Los coloridos murales celebran el patrimonio cubano. Para disfrutar del ambiente de la isla, pero en Miami.

### 2 No se puede parar el ritmo

No hay visita completa a Little Havana sin pasar por este histórico club nocturno, con un pasado tan colorido como su rótulo de neón. **Ball & Chain** (p. 98) es un local icónico donde han tocado leyendas del *jazz* como Billie Holiday y Count Basie. Aquí hay que calzarse los zapatos de baile, participar en una clase de salsa, pedir un cóctel y disfrutar de la mejor música en directo en Miami.

### 3 Dulce rendición

Para reponer fuerzas antes de seguir con el paseo, no hay nada como un buen helado. Los mejores están en **Azucar Ice Cream,** con estelares sabores cubanos como el Abuela María, una mezcla de vainilla, guayaba, queso cremoso y galletas María. Es imprescindible hacer una foto del gigantesco cono de helado que anuncia el local, muy *instagramable.*

### 4 Alcanzar las estrellas

El **Paseo de la Fama de la calle Ocho** recuerda a legendarias figuras hispanas como Celia Cruz y Gloria Estefan. Esta versión cubana de Hollywood Boulevard honra a músicos, actores e iconos culturales de origen cubano. Tras echar un vistazo a las estrellas, no hay que perderse la experiencia multisensorial que es la calle Ocho.

### 5 Espectáculo del cigarro

Es posible descubrir el arte de la elaboración de puros en **Havana Classic Cigars,** donde los experimentados torcedores los cortan y lían a mano. Se les puede ver trabajar, conocer la historia y relevancia de los cigarros en la cultura cubana y, como no, comprar genuinos puros habanos.

### 6 Saciarse y 'cafeinarse'

Para una vivencia genuina de verdad en Little Havana, se recomienda ir a uno de los restaurantes cubanos más famosos del barrio: el **Café La Trova** (p. 98), con una carta de especialidades de la isla en versión contemporánea de la chef ganadora del Premio James Beard, Michelle Bernstein. Si no apetece comer, el restaurante dispone de una ventanita donde despachan café para llevar.

## EXPERIENCIAS

### Sumergirse en los ritmos de Cubaocho

VIDA NOCTURNA

PLANO: 1 P. 94 D3

**Cubaocho** *(cubaocho.net),* galería de arte, sala de conciertos y centro de investigación cultural todo en uno, es el corazón del Little Havana Art District. El lugar es como un antiguo bar de La Habana, con paredes cubiertas de arte que tienden un puente entre pasado y futuro. Sus conciertos de bandas hispanas de primera reúnen a un público variopinto de melómanos y amantes del arte. Ya se esté disfrutando de un buen ron o admirando la cuidada exposición, lo que Cubaocho ofrece es una inmersión en la cultura cubana. Conviene llegar pronto para conseguir un buen sitio; los espectáculos en directo se llenan.

### Tomar un cóctel y ver un espectáculo en el Café La Trova

VIDA NOCTURNA

PLANO: 2 P. 94 F3

Para rememorar el glamur de La Habana de la década de 1950 solo hay que visitar el **Café La Trova** *(cafelatrova.com).* Con sus cálidos acabados en madera, sus camareros de punta en blanco y su desvaído interiorismo, desprende un encanto de otra época. Las bandas tocan típica música cubana de baile, y la clientela –ataviada con vestidos y guayaberas– hace que no decaiga la fiesta. Los cócteles, preparados por premiados bármanes, son tan legendarios como la música. Basta pedir un daiquiri y... a bailar.

### Ball & Chain: salsa y fiesta en la calle

VIDA NOCTURNA

PLANO: 3 P. 94 C3

**Ball & Chain** *(ballandchainmiami.com)* es una institución de Little Havana donde la fiesta nunca termina. La música flota en la calle Ocho todo el día, y por la noche la fiesta a menudo se desborda. Esta histórica sala, un referente del *jazz* en la década de 1930, aún programa actuaciones en vivo en un entorno

### UNA SORPRESA 'ART DÉCO'

Quien piense que el mejor *art déco* del sur de Florida está en South Beach debería visitar el Tower Theater, en la calle Ocho: seguramente cambiará de opinión. Este renovado teatro de 1926 luce una preciosa fachada *art déco* y un interior exquisitamente restaurado. En su época dorada, era el corazón de la vida social de Little Havana, un puente entre la comunidad de inmigrantes y la cultura pop americana. Hoy sigue con este legado y proyecta películas independientes y en español. El vestíbulo suele acoger exposiciones de arte, reforzando así su importancia cultural. No es un simple teatro, sino un pilar muy querido del barrio, un referente con el que han crecido generaciones; mucha gente ha luchado por conservarlo.

Ball & Chain.

animado y tropical. No importa si se va a escuchar *latin jazz,* a tomar un mojito o a participar en una sesión de baile, siempre es un buen momento. Eso sí, se recomienda visitarlo durante la *happy hour* (16.00-19.00 entre semana) para disfrutar de sus excelentes ofertas y de un ambiente más relajado, previo al desmadre nocturno.

## Cocina tailandesa en Little Havana

COMIDA Y BEBIDA

En Little Havana se puede dar la vuelta al mundo en unas pocas manzanas. Y eso significa todo el mundo, porque la cocina cubana es solo una pequeña muestra de la oferta culinaria panhispánica de Little Havana, que abarca desde El Salvador a Ecuador y desde México a Argentina. Aunque los lugareños insistan en que la mejor cocina hispana no está en la calle Ocho, quien entre en cualquier restaurante del barrio difícilmente saldrá decepcionado. Ni siquiera hace falta ceñirse al hemisferio occidental. Por ejemplo, **Lung Yai Thai Tapas** (PLANO: 4 P. 94 **B3**; *lungyai.com*) es una joya que demuestra que compartir tapas con unas cervezas no es solo una tradición española. Por cierto, sus alitas de pollo están de muerte.

Para probar el refresco miamense por antonomasia, hay que ir a **Los Pinareños Frutería** (PLANO: 5 P. 94 **D3**), una tienda muy popular, y pedir un licuado o un batido. Se puede probar un guarapo (zumo de caña de azúcar) mientras los gallos cacarean y los vecinos chismorrean en español con acento cubano. No hay nada más típico de Miami.

## Disfrutar de los Viernes Culturales

EVENTOS

PLANO: 6 P. 94 **D3**

Cada tercer viernes de mes, del mediodía hasta entrada la noche, los **Viernes Culturales** *(viernesculturales.org)* transforman las calles de Little Havana en una vigorosa celebración de arte, música y cultura: escenarios con música en directo, galerías que abren hasta las 23.00, y un animado escaparate de la creatividad y la vitalidad del barrio.

Tienen lugar en el Little Havana Historic District, en la calle Ocho, entre SW 15th Ave y 17th Ave, donde los torcedores enrollan cigarros, se vende arte y artesanías, y hay música y baile bajo las estrellas.

Desde su inauguración en el años 2000, los Viernes Culturales congregan a miles de personas cada mes. Si se va con ganas de pasar un buen rato, se encajará de maravilla.

## Ver una partida de dominó (y jugar si uno se atreve) ACTIVIDADES

El **Máximo Gómez Park** (PLANO: 7 P. 94 **D3**; *miami.gov; gratis*), o Domino Park, es un oasis cercado y arbolado junto a la calle Ocho, quizá el más evocador recuerdo de la vida en las calles de Cuba en Little Havana. Las verjas de hierro se abren cada día de 9.00 a 18.00, recibiendo a una parroquia habitual que llega de todo Miami. Aquí, las partidas de dominó se amenizan con bromas y las estrategias se acompañan con tazas de café cubano. El rápido clac-clac de las fichas se mezcla con el runrún de las provocaciones de los jugadores experimentados, mientras los turistas haciendo fotos le añaden un contraste divertido, que no parece importunar a los jugadores. Más bien, al contrario, se alimentan de la energía de la gente. El aroma de los puros carga el ambiente y un mural realista sobre la Cumbre de las Américas de 1994 remata el escenario.

Se puede pasar a verlo unos minutos o quedarse más rato: los bancos a la sombra ofrecen un lugar perfecto para demorarse. Y si entra hambre, **Azucar Ice Cream** (PLANO: 8 P. 94 **C3**; *azucaricecream.com*), un favorito del barrio, está justo al cruzar la calle.

## Codearse con los lugareños en Versailles OBSERVAR A LA GENTE

PLANO: 9 P. 94 **A4**

Pocas cosas en Little Havana activan las papilas gustativas como el cartel verde y blanco de **Versailles** *(versaillesrestaurant.com)*. El autoproclamado "restaurante cubano más famoso del mundo", afirmación difícil de rebatir, es toda una institución de Miami desde 1971.

Generaciones de cubanoamericanos y la élite política hispana de Miami se reúnen en su comedor para compartir platos de frijoles, *ropa vieja*, croquetas e incontables tazas de café. La carta no solo incluye todos los clásicos, sino también platos regionales, como paella de marisco, carne seca deshebrada y filete de hígado a la parrilla.

Para una dosis rápida de cafeína, hay que pasar por La Ventanita, la ventanilla del restaurante, donde los lugareños piden café para llevar (*cortaditos* y *coladas*).

# Lo mejor para...

Localizaciones en el plano de la **p. 94**



$ Económico $$ Medio $$$ Alto

## Comer

### Comida cubana

**Old's Havana Cuban Bar & Cocina $$**
10 D3
Sentarse en el bonito jardín tropical de este lugar de moda permite disfrutar de picadillo, *ropa vieja* y vaca frita (ternera deshebrada con lima). *11.00-23.00*

**Sala'o Cuban Restaurant & Bar $$**
11 C3
Con música en directo cada noche, sirve especialidades como rabo encendido (rabo de buey). *Horario variable*

**Sanguich Little Havana $**
12 A3
Un lugar de culto donde las versiones *gourmet* de sándwiches clásicos cubanos provocan colas. *10.00-18.00*

### Tapas

**Xixón $$**
13 A4
Moderno restaurante de tapas españolas con excelentes buñuelos de bacalao, gambas y anguilas. *xixonspanishrestaurant.com, 12.00-22.00*

### Pescado y marisco

**La Camaronera Seafood Joint $$**
14 A1
Famoso por su "pan con minuta", un bocadillo de pescado frito en suave pan cubano. *lacamaronera.com, 11.30-17.30*

## Beber

### Café

**La Colada Gourmet**
15 C3
Cafetería de especialidad con el mejor café cubano de la ciudad. *lacoladagourmet.com, 10.00-22.00*

**Macondo Coffee Roasters**
16 A4
Una cafetería elegante de influencia latinoamericana. *macondocoffee.com, horario variable*

### Cócteles

**Guantanamera Café and Lounge**
17 D3
Un lugar informal con puros, cócteles y música latina en directo. *guantanameracigars.com, horario variable*

**Bar Nancy**
18 A3
Bar de tema náutico con conciertos, cócteles creativos y una clientela local. *nancy305.com, horario variable*

## Comprar

### Clásicos cubanos

**Havana Collection Experience**
19 D3
Una de las mejores colecciones de guayaberas clásicas en Miami. Son más caras, pero son de buena calidad. *11.00-17.00*

**Little Havana Cigar Factory**
20 C3
Para los aficionados a los puros, con una selección de cigarros habanos *premium. littlehavanacigars.com, 10.00-19.00 lu-sa, hasta 18.00 do*

Sugerencias de lugares para comer, beber y comprar en **p. 114**

# Explora
# Coconut Grove

Esta zona siempre ha sido un poco diferente del resto de Miami. Fundado a finales del s. XIX por emigrantes bahameños, creció hasta convertirse en un refugio bohemio, imán de espíritus libres, músicos e intelectuales durante todo el s. XX. Su exuberante entorno y ubicación costera propiciaron un ambiente relajado que aún mantiene. A lo largo de los años, la urbanización trajo consigo residencias de lujo y un floreciente núcleo comercial, pero ha conservado su carácter informal y artístico. En sus calles se alternan las casas históricas, los condominios modernos y esa profunda conexión con las raíces marítimas de Miami.

## Cómo desplazarse

### A pie
Coconut Grove es llano, ideal para explorar a pie. Su corazón, en torno a CocoWalk y Main Hwy, es en su mayor parte peatonal.

### Autobús
El autobús n° 22 recorre el barrio pasando por Tigertail Ave y SW 27th Ave hasta la estación de Metrorail de Coconut Grove. Allí se puede hacer trasbordo o tomar el trolebús gratuito Coconut Grove hasta otros lugares.

### Bicicleta
Hay varias estaciones de Citi Bike. Downtown Miami está solo a 8 km, un trayecto panorámico por South Bayshore Dr.

★ **LO MEJOR**

**VISITA A UNA FINCA**
Vizcaya Museum & Gardens (p. 105)

**JARDINES**
Kampong (p. 110)

**PARQUE**
Barnacle Historic State Park (p. 111)

**IGLESIA CON VISTAS**
Ermita de la Caridad (p. 113)

**DE COMPRAS**
CocoWalk (p. 113)

**Ermita de la Caridad (p. 113).**
PISAPHOTOGRAPHY/SHUTTERSTOCK ©

A
B
C
D
E
F
1
2
3
4
0
400 m
Más información
Imprescindible p. 105
Experiencias p. 110
Comer p. 114
Beber p. 115
Comprar p. 115
Orange St
Day Ave
Gifford La
Matilda St
Virginia St
Mary St
SW 32nd Ave
SW 27th Ave
Tiger Tail Ave
Darwin St
S Miami Ave
Oak Ave
Rice St
Kirk Monroe Park
Frow Ave
Florida Ave
Grand Ave
Véase ampliación
Fuller St
McFarlane Rd
Commodore Plaza
Thomas Ave
William Ave
Charles Ave
Franklin Ave
Munroe Dr
Via Abitare Way
Main Hwy
Royal Rd
Devon Rd
S Bayshore Dr
Charthouse Dr
Pan American Dr
Dinner Key Marina
Vizcaya Museum & Gardens
U.S. Olympic Sailing Center
Coconut Grove Sailing Club
Coral Reef Yacht Club
Shake-A-Leg Miami
Biscayne Bay Yacht Club
Coconut Grove Library
Barnacle Historic State Park
Peacock Park
Plymouth Congregational Church
Bahía Vizcaína
Ampliación
0
50 m
Europann
CocoWalk
COCONUT GROVE
The Bazaar Project
Panther Coffee
Peacock Park

★ IMPRESCINDIBLE

# Vizcaya Museum & Gardens

A veces se llama a Miami la "Ciudad Mágica". De serlo, esta villa italiana, el equivalente a un huevo Fabergé en casa, sería su palacio encantado. Ubicado junto al agua *(vizcaya.org; adultos/niños 25/10 US$)*, es un lugar fascinante para pasear, con salas llenas de arte, lujosos muebles antiguos y jardines pintorescos.

PLANO: P. 104 **E1**

## Un sueño de la edad dorada

En 1916, el empresario James Deering inició una tradición en Miami: amasar una fortuna y después construir una finca descomunal. No escatimó en gastos: contrató a 1000 trabajadores –el 10 % de la población local– para construir un palacete neomediterráneo. La mansión de Coconut Grove, encarada a la bahía Vizcaína, se inspiró en los palacios europeos y se llenó con muebles, tapices y arte renacentistas. El espacio más grande, el salón informal, se conoce como el "salón renacentista" por su colección de obras maestras de los ss. XIV-XVII. La sala de música deslumbra con los lienzos traídos del norte de Italia, mientras que los muebles del salón de banquetes transportan a un escenario imperial europeo.

En cada sala del Vizcaya se entra a una época diferente. Deering quiso fusionar la grandeza del viejo mundo con las últimas innovaciones: este fastuoso refugio contaba con fontanería, instalación eléctrica e incluso un sistema telefónico de última tecnología. La biblioteca, repleta de tomos encuadernados en cuero, evoca el espíritu estudioso de un erudito europeo, mientras los ornamentados dormitorios, con sus elaborados

**CONSEJO**
El complejo acoge un mercado los domingos de 9.00 a 14.00, donde se venden objetos hechos a mano, fruta recién cosechada y viandas horneadas.

Escanea este código QR para comprar las entradas.

MANAMANA/SHUTTERSTOCK ©

**UNA PAUSA**
**Doggi's Arepa Bar,** al norte del complejo, gusta mucho para bocados venezolanos, hamburguesas y enormes arepas rellenas.

baldaquinos y su mobiliario antiguo, resultan dignos de la realeza.

Incluso la cocina, con sus antiguos electrodomésticos, muestra el diseño avanzado a su tiempo de la mansión. Aunque Miami haya cambiado mucho desde la época de Deering, Vizcaya sigue anclada en la opulencia de la edad dorada.

## Jardines secretos y una escalera al cielo

Si la casa principal es el corazón del complejo, sus jardines son su alma. Inspirados en los señoriales jardines formalistas de la Italia de los ss. XVII y XVIII, ofrecen un maravilloso contraste con los indómitos manglares cercanos. Pasear por ellos es como deambular por la fantasía de un aristócrata europeo. Esculturas y fuentes siembran el paisaje y paredes cubiertas de enredaderas le añaden misterio. El Garden Mound, una terraza elevada, regala una de las mejores vistas de la extensa vegetación de la finca.

Los jardines son como estancias al aire libre, cada una con su personalidad. Está el íntimo Secret Garden, con caminitos y bancos de piedra; el lúdico Maze Garden, con sus serpenteantes pasillos de setos; el clásico Theater Garden y el otrora acuático Fountain Garden. Cada rincón sorprende con algo nuevo, una estatua escondida o un romántico rincón, de ahí que la finca haya sido durante mucho tiempo escenario favorito de bodas y sesiones de fotos. Aparte de los cuidados jardines, conserva los *hardwood hammocks* autóctonos, un tipo peculiar de ecosistema de terrenos relativamente secos en zonas húmedas donde crecen árboles de maderas duras.

Uno de los elementos más sorprendentes está a primera línea de mar: un barco veneciano de piedra diseñado como rompeolas decorativo que protegía la finca de las olas, a la vez que funcionaba como extravagante escenario para fiestas. Desde él las vistas de la bahía Vizcaína son espectaculares, con el horizonte de Miami brillando a lo lejos.

## Aprovecharlo al máximo

Visitar Vizcaya Museum & Gardens no es algo que se haga rápido, es una experiencia inmersiva. Hay que dedicar unas horas para descubrir la casa y los jardines. La finca abre a las 9.30, y a primera hora hay menos gente y mejor temperatura para pasear por los jardines. El museo cierra los martes.

Aparcar es gratis y, aunque se puede llegar en coche, también es muy fácil ir en transporte público (sobre todo desde Downtown: la estación de Vizcaya del Metrorail está muy cerca).

**UN FAVORITO DE HOLLYWOOD**

El encanto de Vizcaya lo convierte en un popular lugar de filmación. Películas como *Iron Man 3, Dos policías rebeldes II* y *Ace Ventura, detective de mascotas* incluyen escenas rodadas en la fastuosa finca.

**LA VISIÓN INACABADA DE DEERING**

James Deering planeó que Vizcaya incluyera una aldea con alojamiento para el personal, talleres e invernaderos. Si bien solo se completaron algunos, aún existen vestigios de este ambicioso plan.

CIRCUITO A PIE

# Paseo por Coconut Grove

Las calles arboladas, los cafés al fresco y los espacios verdes junto al mar dan un ambiente como de pueblo al barrio más antiguo de Miami. Su centro compacto es fácil de recorrer a pie. Muchos vecinos coinciden en una cosa: pasear entre sus *boutiques* únicas y bares es una de las mejores maneras de pasar una soleada tarde.

| INICIO | FINAL | DURACIÓN |
|---|---|---|
| Barnacle Historic State Park | Peacock Park | 1,6 km; 3 h |

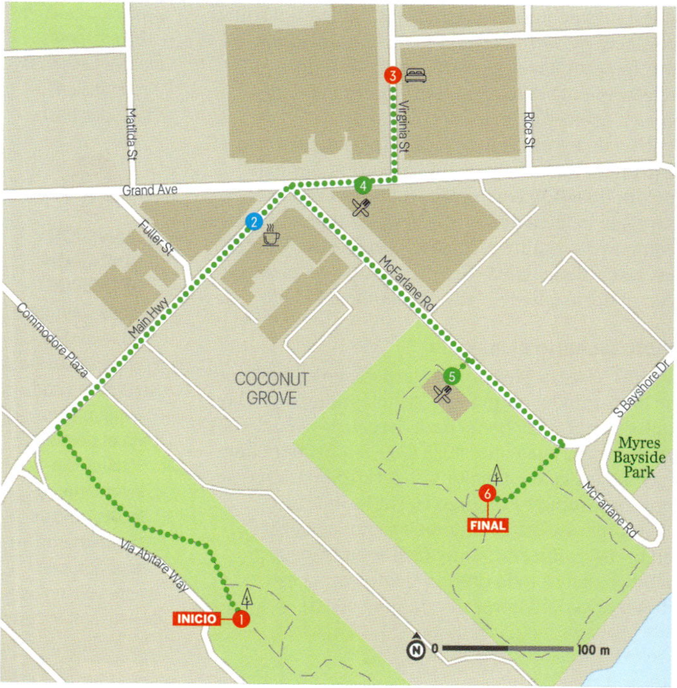

## 1 Historia de un pionero

Se comienza retrocediendo a otra época en el **Barnacle Historic State Park** (p. 111), donde la casa más antigua de Miami se conserva en su ubicación original. La casa la construyó el pionero Ralph Munroe, uno de los primeros residentes estacionales de Coconut Grove. El parque de 2 Ha es un oasis umbroso, ideal para pasear y observar aves pese a su ubicación urbana. Hay circuitos guiados a un precio simbólico.

## 2 Chute de cafeína

**Panther Coffee** (p. 113), uno de los tostadores de café de especialidad favoritos del sur de Florida, tiene un local en Coconut Grove. Sus cafés de origen único, cuidadosamente elaborados, son un regalo que aprecian vecinos y viajeros por igual. Es un lugar perfecto e informal para relajarse y empaparse del encanto del barrio.

## 3 Elegancia tropical

**Mayfair House & Garden** es una maravilla arquitectónica. Inicialmente diseñado por Kenneth Treister en 1985, el hotel fue recientemente renovado por Goodrich y reabrió sus puertas en el 2022. Se reformó con sumo cuidado, respetando la integridad del diseño original. La propiedad cuenta con exuberante vegetación, y arte y fotografía que encarnan las tradiciones del arte popular bahameño.

## 4 Dónuts para volverse loco

Miami tiene experiencia en logros culinarios creativos, también en el terreno de la bollería. **Salty Donut,** con sede en Miami, abrió recientemente su local en Coconut Grove con una gran variedad de dónuts. El de arce y beicon, hecho con *brioche* y cubierto con beicon confitado, es memorable.

## 5 Parada serena

En el Peacock Park, el **Glass & Vine** tiene una extensa carta de vinos y platos con ingredientes locales para todos los paladares. Aquí se puede sentir cómo la ciudad se desvanece con una copa de vino en un patio que recuerda más un jardín secreto que un restaurante. Solo hay que sentarse, relajarse y disfrutar del ambiente y de la buena compañía.

## 6 Oasis urbano

Un último espacio verde en Coconut Grove digno de visita es el **Peacock Park** (p. 110), con caminos umbríos y un recogido jardín de meditación. Este parque costero cuenta con un paseo entarimado desde el que contemplar los veleros en la bahía Vizcaína y permite descubrir un pedacito de historia con la tumba más antigua de la ciudad de Miami, la sepultura de Eva Munroe.

## EXPERIENCIAS

### Salir a navegar o aprender a hacerlo
ACTIVIDADES AL AIRE LIBRE

Muchos lobos de mar han zarpado de Coconut Grove, la capital de la navegación de Miami, rumbo al Caribe y allende los mares. Lo único que se necesita es darse una vuelta por los centros náuticos –**Biscayne Bay Yacht Club** (PLANO: 1 P. 104 **F2**; *biscaynebayyachtclub.com*), **Coconut Grove Sailing Club** (PLANO: 2 P. 104 **F1**; *cgsc.org*), **Coral Reef Yacht Club** (PLANO: 3 P. 104 **F1**; *coralreefyachtclub.org*) y **U.S. Olympic Sailing Center** (PLANO: 4 P. 104 **F1**; *usasailingcentermiami.org*), entre otros– para notar el viento en las velas virtuales y despertar el deseo de hacerse a la mar.

Por suerte, para eso hay varias opciones. **Biscayne National Park Institute** (PLANO: 5 P. 104 **B4**; *biscaynenationalparkinstitute.org; precios varían*) ofrece circuitos guiados en un pontón desde Dinner Key Marina en Coconut Grove para bucear en los arrecifes y pecios del Biscayne National Park. También ofrece circuitos históricos hasta Cayo Boca Chita, frente a la costa, y Stiltsville. **Shake-A-Leg Miami** (PLANO: 6 P. 104 **E1**; *shakealegmiami.org*) propone actividades para personas con discapacidades físicas, de desarrollo y problemas económicos.

### Adentrarse a un mundo silvestre de color en el Kampong
JARDINES

PLANO: 7 P. 104 **B4**

David Fairchild, el Indiana Jones del mundo botánico y fundador del Fairchild Tropical Botanic Garden (p. 120), solía descansar en el Kampong ("aldea" en malayo/indonesio) entre expedición y expedición por todo el mundo, durante las cuales buscaba plantas bellas y provechosas.

Como pionero de la botánica tropical, Fairchild tampoco se quedó corto en el jardín de su casa de Miami. Su mujer y él compraron el **Kampong** *(ntbg.org; circuitos 7-27 US$)* como residencia de invierno en las costas de la bahía Vizcaína, en Coconut Grove. Aquí recibieron a huéspedes eminentes como Thomas Edison, Henry Ford y Dwight Eisenhower.

Hoy, el Kampong y sus exuberantes jardines están inscritos en el National Register of Historic Places y sus fértiles terrenos se usan como aula para el National Tropical Botanical Garden. Se ofrecen circuitos autoguiados (1 h mín.) con cita previa, y visitas guiadas de 1 h por 27 US$. Conviene fijarse en la fruta de la mantequilla de cacahuete, la fragante flor de cananga y los impresionantes árboles de Jack.

### Fuera preocupaciones en el Peacock Park
RECREO

PLANO: 8 P. 104 **C3**

Los parques urbanos son una ventana al pulso de un barrio, y el querido **Peacock Park** *(miami.gov; gratis)* no es una excepción. Es como un gran patio abierto de

Coconut Grove que se extiende hasta las orillas de la bahía Vizcaína y abre cada día de 7.00 a 22.00.

Las familias jóvenes acuden por el parque infantil, los *runners* y paseantes disfrutan de las vistas junto al mar, y los adolescentes juegan a la pelota en los campos. De hecho, el paseo entablado que orilla el mar ofrece unas de las vistas más limpias y plácidas de la bahía Vizcaína desde el lado continental.

Respecto a su nombre, muchos piensan que proviene de los pavorreales *(peacock)* que campaban por estos lares, pero no. En este terreno de 3,6 Ha estuvo en su día la Bayview Inn, propiedad de Charles e Isabella Peacock (ella más tarde la rebautizó como Peacock Inn). Los Peacock emplearon a trabajadores bahameños, quienes llegaron por Cayo Hueso (Key West) a Miami y formaron el núcleo de la comunidad negra más antigua de la ciudad. Los conocimientos que trajeron de las islas –sobre plantas tropicales, agricultura y construcción– en este entorno fueron primordiales para el desarrollo de Coconut Grove.

**QUÉ SIGNIFICA 'DINNER'**

Al norte del Peacock Park y a orillas de la bahía Vizcaína, Dinner Key fue en su día una base aérea de la Armada estadounidense y, después, una base de hidroaviones de Pan Am en la década de 1930. Ahora es uno de los puertos deportivos más grandes del sur de Florida, lleno de veleros y yates. En este **puerto deportivo** se alquilan barcos para salir por la bahía Vizcaína. El Dinner Key Picnic Islands Park también está junto a la costa, donde se puede disfrutar de un pícnic con vistas. La histórica terminal de Pan Am sigue en pie, hoy ocupada por el Miami City Hall, el ayuntamiento.

PLANO: 9 P. 104 **B4**

## Ver un espectáculo y la residencia más antigua de Miami

PARQUE

PLANO: 10 P. 104 **C3**

En el centro de Coconut Grove está la residencia más antigua del condado de Miami-Dade: la casa de Ralph Munroe, el primer y honorable residente de Miami. Se puede visitar para disfrutar de un pícnic o de un concierto en los jardines del **Barnacle Historic State Park** *(thebarnacle.org; entrada 2 US$)*. Construido en 1891, este parque de 2 Ha –que Munroe compró por solo 400 US$– es un oasis umbroso ideal para pasear y un lugar fabuloso para que los niños se desfoguen. La casa debe su nombre a las formas irregulares de sus habitaciones, incluida una en forma de octógono.

La experiencia de Munroe en la construcción de barcos influyó en el diseño singular de su casa, incorporando elementos de la

JOHNNY MICHAEL/SHUTTERSTOCK ©

Barnacle Historic State Park (p. 111).

arquitectura tradicional caribeña. Sus técnicas de ingeniería han resistido el paso del tiempo: el Barnacle ha sobrevivido a importantes huracanes como el Andrew.

El Barnacle acoge eventos con frecuencia, desde regatas de vela a *jazz* y música clásica en directo a la luz de la luna. Como escenario al aire libre, es fantástico.

## Encontrar la tumba de Eva Munroe

PUNTO DE INTERÉS

PLANO: 11 P. 104 **C3**

Terminada en 1963, la **Coconut Grove Library** *(mdpls.org)* tiene paredes de caliza y un tejado a cuatro aguas en homenaje a la antigua biblioteca de 1901 que había aquí. En su interior aguarda una pequeña y cuidada sección de referencias sobre el sur de Florida. Fuera, en una pequeña parcela cercada, está la humilde lápida de Eva Munroe, que murió en 1882. La suya es la tumba más antigua que se conoce en el condado de Miami-Dade, al menos oficialmente: colonos afroamericanos locales murieron antes que Eva, pero sus fallecimientos nunca se registraron oficialmente. Su marido, Ralph Munroe, se quedó tan deprimido que se metió de lleno en el proyecto más ambicioso de su vida: la construcción del Barnacle, hoy la casa más antigua de la zona.

## Visitar la impresionante Plymouth Congregational Church

IGLESIA

PLANO: 12 P. 104 **A4**

En Coconut Drove, esta **iglesia** *(plymouthmiami.org)* de 1917 es una de las casas de culto más impresionantes de Miami, desde sus recios sillares a su portalón de madera procedente de un monasterio de los Pirineos. Incluso en una ciudad con tantas iglesias bonitas de estilo misión española, esta es excepcional. Abre raras veces, aunque todos (es una congregación que frecuenta la comunidad LGTBIQ+) son bienvenidos a la misa dominical de las 10.00, con órgano y coro.

## De pícnic en una icónica iglesia cubana

IGLESIA

PLANO: 13 P. 104 **E1**

La diócesis católica compró unas tierras a la villa Vizcaya de Deering y construyó un santuario para los feligreses cubanos en el exilio. Edificada en 1967, la **Ermita de la Caridad** *(ermita.org)* es como un fanal encarado a Cuba, que está 467 km al sur, pero también un faro para los cubanoamericanos que anhelan ver una tierra que nunca han visitado.

Esta no es la única forma en la que esta iglesia, cuyo nombre completo es santuario nacional de Nuestra Señora de la Caridad, advocación patrona de Cuba, mira a la isla. En su interior hay un mural que ilustra la historia de la mayor de las Antillas, y en la congregación se acostumbra a hablar en español. Delante, el parterre de césped junto al agua es ideal para disfrutar de un pícnic.

## Pasear y comprar en CocoWalk

DE COMPRAS

Coconut Grove se ha convertido en uno de los núcleos comerciales más elegantes de Miami, y en **CocoWalk** (PLANO: 14 P. 104 **F3**; *cocowalk.com*) resulta más que evidente. En este híbrido de centro comercial al fresco y plaza mayor de pueblo aguardan *boutiques* de barrio, marcas independientes y tiendas nacionales exclusivas, todo ello bajo las palmeras.

**Europann** (PLANO: 15 P. 104 **F3**; *europann-usa.com*), una *boutique* de moda masculina con sede en Saint-Tropez, vende ropa elegante y playera. En **The Bazaar Project** (PLANO: 16 P. 104 **F4**; *thebazaarproject.com*) apuestan por la decoración para el hogar y por las joyas.

En los patios con la brisa y los cafés con terraza de CocoWalk apetece quedarse un rato. Se puede comprar un café en el cercano **Panther Coffee** (PLANO: 17 P. 104 **E4**; *panthercoffee.com*) y observar a la gente desde la sombra. Los fines de semana el ambiente se anima, con música en directo y la afluencia de vecinos elegantes que, entre compras, se toman unos cócteles.

### UN "MERRIE CHRISTMAS"

Pese a su nombre navideño, el Merrie Christmas Park, en el extremo suroeste de Coconut Grove no va sobre Santa Claus ni sobre nieve. Debe su nombre a Merrie Christmas Wood, una filántropa de Miami que donó la tierra para uso público. Este parque tranquilo y umbrío es un oasis de paz al bullicio de la zona. A los niños les encanta el parque infantil, y los vecinos llevan mantas para pasar la tarde bajo los enormes robles disfrutando de un pícnic. Se admiten perros con correa.

SUGERENCIAS

# Lo mejor para...

$ Económico $$ Medio $$$ Alto

Localizaciones en el plano de la p. 104

## Comer

### Dulces y caprichos

**Fireman Derek's Bake Shop $**
18 E4
El pastel de lima y el de coco y guayaba al ron, las empanadas y demás exquisiteces son un imán de golosos. *firemandereks.com, horario variable*

**Danielle Gelato $**
19 E4
Helados artesanales de pistacho, maracuyá y demás, irresistibles al paladar. *daniellegelato.com, 12.00-23.00*

**Salt & Straw $**
20 F3
Helados a pequeña escala con muchas opciones veganas. El de menta con chocolate y fondo de coco no tiene desperdicio. *saltandstraw.com, 12.00-0.00 lu-vi, desde 11.00 sa y do*

**Morelia Ice Cream Paletas $**
21 E4
Los polos *gourmet* de esta cadena son *kosher* y naturales. *paletasmorelia.com, horario variable*

### Vegetarianos

**Bombay Darbar $$**
22 C2
Uno de los restaurantes indios más populares de Miami: curris muy especiados, *tandoori* y *naan* en un entorno animado. *bombaydarbar.com, horario variable*

**Last Carrot $**
23 B2
Este sencillo café vegetariano lleva desde la década de 1970 sirviendo saludables flautas recién hechas, sándwiches y licuados de frutas. *thelastcarrot.getsauce.com, 10.00-19.00 lu-sa*

**PLANTA Queen $$**
24 E3
El sueño de cualquier vegano: un alegre y bonito local con platos de inspiración asiática. *plantarestaurants.com, horario variable*

### Informal

**Matsuri $$**
25 A2
En Miami no faltan los restaurantes de *sushi* de moda, pero este pequeño escondite en un centro comercial lo sirve muy genuino. *matsurimiami.com, horario variable*

**Chug's Diner $$**
26 E4
Híbrido de *diner* y cafetería cubana que sirve platos como el boliche (carne asada a la olla) de costillas y tortitas al hierro fundido. *chugsdiner.com, horario variable*

### Hamburguesas y cerveza

**Barracuda Taphouse & Grill $$**
27 E4
Un sándwich de pargo o mero en este querido establecimiento nunca falla. *Horario variable*

**LoKal $$**
28 B2
Ideal si lo que se quiere es una cerveza artesana y una hamburguesa riquísimas en un marco con buen rollo. *kushhospitality.com, 11.30-22.00 do-ma, hasta 23.00 mi-sa*

**Taurus $$**
29 B3
Mezcla de paneles de madera, sillas de cuero, 100 cervezas diferentes y un ambiente simpático. *thetauruscoconutgrove.com, 17.00-3.00*

## Para darse un capricho

### Ariete $$$

30 B3

Ganador de una estrella Michelin que combina tradiciones latinas con técnicas francesas. *arietecoconutgrove.com, 17.30-23.00*

### Los Félix $$$

31 E4

El maíz se muele a diario en este local mexicano, donde la carta se inspira en las tradiciones indígenas. *losfelixmiami.com, horario variable*

## Desayunos

### Berries in the Grove $$

32 D1

Es informal, triunfa en el barrio y sirve generosas tortillas, panqueques y saludables licuados de frutas. *berriesinthegrove.com, 7.00-22.00*

### GreenStreet Cafe $$

33 B3

Una verdadera institución de Coconut Grove porque sirve *brunch* todo el día, enormes rollos de canela y *mimosas* cargados. *greenstreetcafe.net, 7.00-24.00*

### Carrot Express $

34 C2

Cadena regional y saludable, con una extensa carta de desayuno todo el día, selección de zumos y mucho más. *carrotexpress.com, 7.00-21.00*

# Beber

## Bares de azotea

### Sipsip Rum Bar

35 C2

Celebra el patrimonio caribeño de Grove con cócteles y picoteo de inspiración isleña. *mayfairhousemiami.com, 11.00-22.00*

### Level 6 Rooftop

36 B3

Marco impecable, música cuidada, cocina española y cócteles perfeccionados con vistas a la bahía Vizcaína. *level6miami.com, 16.00-24.00*

### Bellini

37 F4

En el hotel Mr C, Bellini es un estiloso restaurante italiano y bar de azotea que sirve platos marineros con vistas de altura. *bellinirestaurant.com, 7.00-22.00*

# Comprar

## Moda

### Palm Produce Resortwear

38 E4

Típica moda resort de Miami, como lino ligero, estampados coloridos y fondo de armario, informal aunque elegante, para unas vacaciones. *palmproduceresortwear.com, 10.00-19.00 lu-sa, 11.00-18.00 do*

### Agua Bendita

39 D4

La artesanía colombiana hace buenas migas con la ropa de baño de alta costura en esta *boutique* conocida por sus atrevidos biquinis y sus vaporosos *cover up*. *aguabendita.com, 11.00-19.00*

### Alice + Olivia

40 F3

Alegre, dinámica y siempre a la última, esta *boutique* propone moda femenina que causa impresión. *aliceandolivia.com, 10.00-19.00*

## Libros y objetos de regalo

### Books & Books

41 E4

Popular cadena de librerías independientes de Miami, un refugio literario con *bestsellers*, joyas independientes y un espacio acogedor. *booksandbooks.com, 10.00-21.00*

### Celestial Treasures

42 D4

Un refugio místico de cristales, cartas del tarot y regalos espirituales para quienes busquen la energía del cosmos y el buen rollo. *celestial-treasures.com, 11.00-19.00*

Sugerencias de lugares para comer, beber y comprar en **p. 130**

# Explora Coral Gables

Este paraíso de tonos pastel es un mundo aparte del resto de Miami. Este barrio minuciosamente planeado, inspirado en los pueblos mediterráneos, tiene calles flanqueadas por banianos, grandes bulevares y un centro fácil de recorrer a pie. *Boutiques* mundialmente famosas y restaurantes exclusivos se concentran en Miracle Mile y aledaños, y referentes como el opulento Biltmore Hotel y la Venetian Pool le suman encanto. Coral Gables es un refugio de jardines exuberantes y mansiones elegantes donde la tradición convive con el lujo moderno, uno de los rincones más cautivadores del sur de Florida.

## Cómo desplazarse

**A pie**

El agradable distrito de Miracle Mile y sus calles aledañas están flanqueadas por tiendas y restaurantes, ideal para un delicioso paseo.

**Metrorail**

Las estaciones University y Douglas Road del Metrorail quedan cerca de Coral Gables. Desde ellas, hay que tomar el gratuito Coral Gables Trolley, que cuenta con dos líneas que comunican con Downtown, Miracle Mile y Merrick Park.

**Automóvil**

Llegar en coche es sencillo por la SW 22nd St (Coral Way) o US-1. Hay muchos aparcamientos con parquímetro en la calle, así como garajes cerca de zonas comerciales y gastronómicas.

**Matheson Hammock Park (p. 126).**

KATELYN RACANELLI/SHUTTERSTOCK ©

★

**LO MEJOR**

**HOTEL PARA ALOJARSE O VISITAR**
Biltmore Hotel (p. 126)

**PASEO ENTRE MARIPOSAS**
Fairchild Tropical Botanic Garden (p. 120)

**PISCINA INCREÍBLE**
Venetian Pool (p. 122)

**PARA AFICIONADOS A LA HISTORIA**
Coral Gables Museum (p. 127)

**MOMENTOS EN LOS MANGLARES**
Matheson Hammock Park (p. 126)

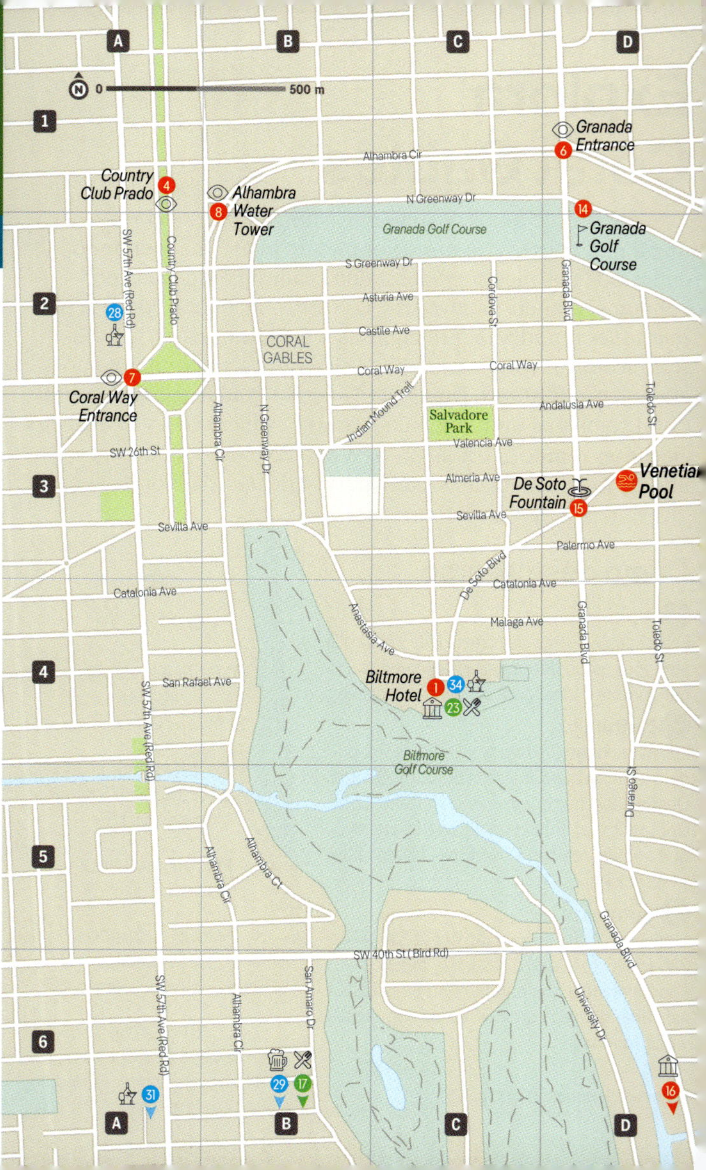
A
B
C
D
1
2
3
4
5
6
0
500 m
Country Club Prado
4
Alhambra Water Tower
8
Granada Entrance
6
Alhambra Cir
N Greenway Dr
Granada Golf Course
14
Granada Golf Course
S Greenway Dr
Asturia Ave
Castile Ave
Coral Way
Cordova St
Granada Blvd
SW 57th Ave (Red Rd)
Country Club Prado
28
CORAL GABLES
7
Coral Way Entrance
Indian Mound Trail
Salvadore Park
Andalusia Ave
Toledo St
Valencia Ave
SW 26th St
Alhambra Cir
N Greenway Dr
Almeria Ave
De Soto Fountain
15
Venetian Pool
Sevilla Ave
Palermo Ave
De Soto Blvd
Catalonia Ave
Anastasia Ave
Malaga Ave
Biltmore Hotel
1
34
23
San Rafael Ave
Biltmore Golf Course
Durango St
Alhambra Ct
SW 40th St (Bird Rd)
Granada Blvd
University Dr
San Amaro Dr
29
17
31
16

E
F
G
H
Alhambra Entrance
Café Demetrio
Giralda Plaza
Coral Gables Museum
Books & Books
Miracle Mile
Chef Sucre
Ponce Circle Park
Fairchild Tropical Botanic Garden
CORAL GABLES
Madeira Ave
Majorca Ave
Navarre Ave
Minorca Ave
Alcazar Ave
Alhambra Cir
Alhambra Plaza
Giralda Ave
Aragon Ave
SW 22nd St
Coral Way
N Greenway Dr
Biltmore Way
Andalusia Ave
Valencia Ave
Almeria Ave
Sevilla Ave
Palermo Ave
Catalonia Ave
Malaga Ave
Santander Ave
Anastasia Ave
Riviera Dr
University Dr
Coconut Grove Dr
Sarto Ave
Camilo Ave
Aledo Ave
Cadima Ave
Alesio Ave
Viscaya Ave
Fluvia Ave
Candia Ave
SW 40th St (Bird Rd)
S Dixie Hwy
Salzedo St
Ponce de Leon Blvd
SW 44th Ave
Hernando St (SW 43rd Ave)
SW 42nd Ave (Le Jeune Rd)
Galiano St
SW 37th Ave (Douglas Rd)
Cardena St
Segovia St
Anderson Rd
Palmerito St
Hardee St
Más información
Imprescindible p. 120
Experiencias p. 126
Comer p. 130
Beber p. 130
Comprar p. 131

★ IMPRESCINDIBLE

# Fairchild Tropical Botanic Garden

El Fairchild es uno de los jardines botánicos tropicales más atractivos de EE UU. Un mariposario, un invernadero y bonitas vistas de las marismas y los cayos, más instalaciones de artistas como Roy Lichtenstein, contribuyen a la belleza de este balsámico jardín de 33 Ha.

PLANO: P. 118 **G6**

**CONSEJO**
Facilitan descuentos si se llega en bicicleta, a pie o en transporte público (5 US$ por adulto, 2 US$ por niño).

Escanea este código QR para descubrir más información de su mariposario.

## Un paraíso tropical

El **Fairchild Tropical Botanic Garden** *(fairchildgarden.org; adultos/niños 25/12 US$)*, uno de los grandes tesoros botánicos de EE UU, es un paraíso de 33 Ha donde disfrutar de paisajes exuberantes, plantas insólitas e instalaciones de arte. Creado en 1938 por el empresario Robert Montgomery con el nombre del explorador David Fairchild, el jardín es una demostración de la conservación de las plantas y de la belleza tropical. Los sinuosos caminos pasan por un mariposario y un invernadero y ofrecen amplias vistas de las marismas. Las frecuentes instalaciones de arte –desde esculturas de Roy Lichtenstein a obras de vidrio de Dale Chihuly– añaden pinceladas inesperadas de color, convirtiendo la visita en una experiencia tan cultural como natural.

## Alas de los trópicos

En los jardines se puede entrar al Wings of the Tropics, un caleidoscopio de color con cientos de mariposas aleteando libremente en un entorno frondoso y tropical. En su revoloteo entre flores, sus alas iridiscentes atrapan la luz creando un espectáculo mágico. Entre bastidores también está el Vollmer Metamorphosis Lab, donde se puede ver a tiempo real la metamorfosis de las crisálidas

ALEKSANDR DYSKIN/SHUTTERSTOCK ©

en mariposas. Varias veces al día, se liberan mariposas recién transformadas, convirtiendo cada visita en un momento de descubrimiento. Se recomienda preguntar al personal cuándo será la siguiente liberación: la espera valdrá la pena.

## Arte viviente en el jardín

Entre los senderos del invernadero de plantas exóticas y el de plantas insólitas, *End of the Day Tower* ("Torre del final del día") emerge como llamas trémulas de un plácido estanque. Esta impresionante escultura de vidrio de Dale Chihuly reluce con zarcillos de colores, en cuya base nadan cíclidos africanos bajo su reflejo. Cerca, el Richard H. Simons Rainforest sumerge a los visitantes en una miniselva, con un arroyo, cascadas y orquídeas. El Fairchild es la mezcla de naturaleza y creatividad por excelencia del sur de Florida.

**UNA PAUSA**
Como no hay muchas opciones culinarias en esta zona, se puede entrar al Garden Restaurant donde sirven sopas, sándwiches, ensaladas y postres con enfoque ecológico.

★ IMPRESCINDIBLE

# Venetian Pool

Hay piscinas y después hay piscinas, y Miami destaca en estas últimas. La Venetian Pool *(coralgables.com, adultos/niños 22/17 US$),* de estilo neomediterráneo, es una de las poquísimas piscinas que figura en el National Register of Historic Places.

PLANO: P. 118 **D3**

**CONSEJO**
Entrar a la piscina cuesta 22/17 US$ (adultos/niños), y sale a cuenta si uno se queda un buen rato.

Escanea este código QR para comprar la entrada.

## Una piscina nacida en una cantera

La Venetian Pool, un edén acuático único, cobró vida en 1924 como parte de la gran visión que tuvo George Merrick para Coral Gables. Lo que empezó siendo una cantera de piedra caliza para construir los edificios de estilo mediterráneo de la ciudad se convirtió en una espectacular piscina gracias a los esfuerzos de Merrick, del artista Denman Fink y del arquitecto Phineas Paist. Para borrar la antiestética cicatriz dejada por las excavaciones, llenaron el foso con agua de manantial, lo adornaron con mosaicos y lo rodearon de frondosos jardines. Inicialmente llamado Venetian Casino, rápidamente se convirtió en un refugio glamuroso para la alta sociedad y las estrellas de Hollywood.

## Grutas, cascadas y un baño inigualable

La Venetian Pool contiene 3 104 037 de litros de agua, lo que la convierte en una de las piscinas de agua dulce más grandes del país. La piscina se drena y rellena a menudo con aguas procedentes de acuíferos subterráneos, por lo que se mantiene siempre fría. El diseño es pura fantasía mediterránea, con cascadas, embarcaderos venecianos y una isla con palmeras. Se puede nadar por debajo del puente de piedra, explorar las umbrías cuevas de roca o atreverse con la

WIRESTOCK CREATORS/SHUTTERSTOCK ©

escondida gruta de 3,6 m. Aunque ya no toque una orquesta en el fondo de la piscina sin agua (eso era habitual), el ambiente sigue siendo tan agradable como siempre.

## Consejos y curiosidades

Hace poco la Venetian Pool reabrió sus puertas tras unas reformas. Cada día se limita el aforo, de ahí que se recomiende llegar pronto. Aquí no se utiliza cloro: la fuente de agua natural de la piscina es su secreto mejor guardado. Aunque la profundidad varía de 1,2 m a poco más de 2,4 m, las familias con críos agradecerán la zona infantil de 60 cm. Curiosidad: hubo un tiempo en el que había góndolas navegando por la piscina, realzando su encanto. Hoy, sigue siendo un referente como una de las experiencias de baño más singulares de EE UU.

**UNA PAUSA**

La Venetian Pool está en una zona muy residencial. El café más cercano, **Chef Sucre,** está 15 min a pie al noreste, donde esperan cervezas y comida de bistró.

CIRCUITO A PIE

# Paseo por Coral Gables

En Coral Gables confluyen historia, encanto y ambiente mediterráneo de la manera más visualmente sugerente. Atravesar el Business Improvement District es cruzar el corazón del comercio, la gastronomía y la cultura del barrio. Por el camino, se verá una estatua en honor a su fundador, animadas calles comerciales y rincones culturales.

| INICIO | FINAL | DURACIÓN |
|---|---|---|
| Ponce Circle Park | Coral Gables City Hall | 1,6 km; 2 h |

## 1 Un hombre y su ciudad

No hay mejor lugar para empezar el circuito que **Ponce Circle Park,** donde hay una estatua de bronce de George Merrick, fundador del barrio, que conmemora su visión de dar forma al estilo neomediterráneo y al diseño comunitario planificado de la zona. El parque está rodeado por dicha arquitectura y es un buen sitio para apreciar los edificios.

## 2 Comercio y cultura

Cualquier cosa que se quiera comprar se encontrará en **Miracle Mile** (p. 128). Esta sección de Coral Way es la calle principal de la ciudad y se ha convertido en uno de los principales destinos de compras, gastronomía y entretenimiento del sur de Florida. Sus calles arboladas están sembradas de cafés, *boutiques* y lugares históricos como el Miracle Theatre, de 1948.

## 3 Solo para peatones

Si algo tiene esta zona son tiendas y restaurantes. Muy cerca de Miracle Mile está **Giralda Plaza,** un pasaje peatonal flanqueado por tiendas, restaurantes, bares y galerías de arte. Este distrito tiene un encanto histórico un poco superior al de sus barrios vecinos que resplandece de noche cuando las guirnaldas de luces iluminan las calles, creando un ambiente muy agradable y romántico.

## 4 Rincón de libros

La mejor librería independiente del sur de Florida tiene una tienda en Coral Gables y es un lugar maravilloso para comprar material de lectura para la playa o ver a autores ocupados en los frecuentes actos en la tienda. **Books & Books** (p. 126) cuenta con un café y restaurante, con un patio mediterráneo muy al estilo de este barrio.

## 5 Descubrir el barrio

El **Coral Gables Museum** (p. 127) ofrece una buena introducción a la historia de Coral Gables. La colección incluye objetos y recuerdos de vecinos de este peculiar lugar. La sede principal ocupa la antigua comisaría y parque de bomberos de Coral Gables, un bonito edificio que alterna el estilo mediterráneo de Coral Gables y el potente *depression-moderne* de Miami Beach.

## 6 Deber cívico

Sin duda, puede ser divertido imaginar el tedioso y monótono trabajo de los concejales en el gran e histórico edificio del **ayuntamiento,** que abrió en 1928. Su arquitectura evoca romanticismo y poder, ideales que están a años luz de los debates rutinarios sobre ordenanzas de aparcamiento y regulaciones municipales.

## EXPERIENCIAS

### Reservar un circuito (o alojarse) en el Biltmore Hotel

HISTORIA Y ARQUITECTURA

PLANO: 1 P. 118 C4

En una ciudad conocida por su ostentación, el **Biltmore Hotel** *(biltmorehotel.com)* exuda una elegancia intemporal que parece inmune al paso de los años. Este National Historic Landmark, de 61 Ha, presume de frondosos jardines tropicales, pistas de tenis, un campo de golf de 18 hoyos y una de las piscinas de hotel más extravagantes del país. No hace falta ser cliente para apreciar su esplendor: circuitos guiados gratuitos (14.00 do) del Dade Heritage Trust *(dadeheritagetrust.org; gratis)* repasan su historia.

Inspirada en la Giralda de Sevilla, la torre central del hotel define su silueta, mientras en el interior, la atmósfera la crean los techos altos, las columnas corintias y los murales. En otros tiempos, había un sistema de canales privados con góndolas que llevaban a huéspedes famosos como Judy Garland y los Vanderbilt. Los canales ya no existen, pero la suntuosa piscina sí, y hay quien dice que el mafioso Fatty Walsh, abatido a tiros en el piso 13º, aún vaga por los pasillos.

### Matheson Hammock Park

NATURALEZA Y OCIO

PLANO: 2 P. 118 G6

El **Matheson Hammock Park** *(miamidade.gov; gratis)*, el primer parque del condado de Dade y el más antiguo de Miami, es un refugio de 255 Ha de banianos, palmeras y densos manglares, situado al sur de Coral Gables. A los amantes de la naturaleza les encantará, con mapaches hambrientos, césped fragante y hasta algún caimán. En el parque también hay un puerto deportivo y una escuela de vela.

Uno de sus reclamos más singulares es la piscina-atolón artificial, una laguna mareal que sube y baja al ritmo que marca la bahía Vizcaína. A las familias locales les gusta mucho porque sus aguas son calmas y poco profundas para los jóvenes bañistas. Al recorrer los senderos o al relajarse junto al agua, hay que fijarse en las aves zancudas y en las vistas de la bahía.

### Hojear títulos excepcionales y valiosos en Books & Books

LIBRERÍA

PLANO: 3 P. 118 G2

La librería independiente más conocida del sur de Florida, **Books & Books** *(booksandbooks.com)*, tiene tiendas en toda la ciudad, pero la de Coral Gables es su buque insignia y un lugar muy especial porque es como una maravillosa y antigua biblioteca, bañada por el sol de Miami.

Parece como si cualquier escritor que haya visitado Florida hubiera pasado por este homenaje en ladrillo y mortero a todo lo que es tinta sobre papel. Books & Books fue fundada por Mitchell Kaplan, un profesor que creó la Feria Internacional del Libro de Miami, un evento que tiene una presencia considerable en esta tienda.

### Entradas a Coral Gables PUERTAS

George Merrick planeó una serie de elaboradas puertas de entrada a Coral Gables, pero una crisis inmobiliaria dejó muchos proyectos sin acabar. Es una lástima, pero, por otro lado, la naturaleza inacabada del proyecto le confiere una atmósfera intemporal o quizá hable de la soberbia de la humanidad. Sea como sea, resultan interesantes.

Las puertas terminadas que vale la pena ver –muchas con nombres españoles– son: **Country Club Prado** (PLANO: 4 P. 118 A1), **Alhambra Entrance** (PLANO: 5 P. 118 H1), **Granada Entrance** (PLANO: 6 P. 118 D1) y **Coral Way Entrance** (PLANO: 7 P. 118 A2). También destacable es la **Alhambra Water Tower** (PLANO: 8 P. 118 B1), donde Greenway Crt y Ferdinand St se encuentran con Alhambra Circle, que parece un alminar.

### Enamorarse de la historia de Gables MUSEO

PLANO: 9 P. 118 G2

En un edificio de piedra coralina de 1939 exquisitamente restaurado que antaño fue la comisaría de policía y el parque de bomberos de la ciudad, el **Coral Gables Museum** *(coralgablesmuseum.org; adultos/niños 15/5 US$)* narra la historia, arquitectura y planificación del barrio. Las exposiciones profundizan en el trazado urbano, la preservación histórica y la visión única que convirtió Coral Gables en uno de los lugares más pintorescos del sur de Florida.

Aparte de galerías, el museo ofrece circuitos guiados a pie y en bicicleta que resaltan la arquitectura neomediterránea y los fotogénicos bulevares. El

### NACIMIENTO DE UNA CIUDAD

Coral Gables nació de la ambiciosa visión del promotor inmobiliario George Merrick, quien en la década de 1920 propuso crear una "ciudad" de inspiración mediterránea y meticulosa planificación urbana. Creada a partir de la naturaleza de Florida, el barrio fue diseñado con entradas señoriales, calles bajo un dosel de árboles y un enfoque que armonizara naturaleza y arquitectura. Se construyó bajo unas normas estrictas que han conservado su encanto estético, convirtiéndolo en uno de los barrios más singulares de Miami. Hoy, Coral Gables sigue siendo un dechado de planificación urbana, que aúna elegancia histórica y vitalidad contemporánea. Es un verdadero enclave de lujo donde confluyen historia y sofisticación.

edificio en sí ya merece una visita, con una antigua celda, un patio apacible y detalles *art déco*. De sus reliquias, destaca el panel de alarma del primer parque de bomberos de la ciudad, un acercamiento a la temprana tecnología de extinción de incendios. Otro elemento destacado es una farola de la década de 1920, un recordatorio de la concienzuda planificación urbana de George Merrick.

### Pasear por Miracle Mile y Giralda Plaza

TIENDAS Y RESTAURANTES

El corazón de Coral Gables palpita en **Miracle Mile** (PLANO: 10 P. 118 **G2**), un tramo lleno de vida con tiendas, restaurantes y galerías. Pensado como zona peatonal, gusta mucho a quienes quieren descubrir *boutiques,* tomar un café en una terraza o comer en un buen restaurante. Una bocacalle de Miracle Mile da a **Giralda Plaza** (PLANO: 11 P. 118 **G2**), un alegre paseo peatonal flanqueado por restaurantes y bares. Por la noche, las guirnaldas de luces iluminan la calle, creando el marco perfecto para disfrutar de una salida nocturna tranquila. Cada viernes se celebra la Giralda Live, cuando todo el paseo se convierte en un comedor al fresco con música en directo. Se aconseja pasar por **Café Demetrio** (PLANO: 12 P. 118 **G2**; *cafedemetrio.com*), en un edificio de la década de 1920, para disfrutar de un cortadito o de un rato tranquilo. No hay aparcamientos gratuitos en la calle, pero sí muchos garajes cerca. Al este está el **Ponce Circle Park** (PLANO: 13 P. 118 **G3**), donde una gran estatua de George Merrick vigila su obra.

### Unos hoyos en el Granada Golf Course

DEPORTES Y RECREO

PLANO: 14 P. 118 **D2**

No hay campo de golf más accesible ni histórico que el **Granada Golf Course** (*golfcoralgables.com; 9 hoyos desde 21 US$*), el campo público más antiguo (1923) de Coral Gables. De nueve hoyos y par 36, permite disfrutar de los exuberantes paisajes de inspiración mediterránea de una forma panorámica y económica. El campo serpentea entre calles arboladas, pasando por antiguas casas señoriales y bajo la imponente torre del cercano Biltmore Hotel.

Tal vez no goza del prestigio del aledaño Biltmore Golf Course, pero el Granada disfruta de un ambiente relajado y acogedor, ideal para principiantes y golfistas esporádicos. No es necesario reservar, basta con presentarse allí. También se puede comprar un café en el club y limitarse a ver a los golfistas perfeccionando sus golpes. Atención especial merecen los pavorreales que campan por los *greens,* una singularidad del encanto de Coral Gables. Se recomienda empezar temprano porque hace mejor temperatura y hay menos gente.

### Hacerse un selfi en De Soto Fountain

HISTORIA Y ARQUITECTURA

PLANO: 15 P. 118 **D3**

Pocos lugares capturan la elegancia de Coral Gables como **De Soto Fountain.** Esta fuente de estilo mediterráneo, construida en 1925 como parte del gran proyecto de George Merrick, hace de antesala al exclusivo De Soto Boulevard y es un lugar muy fotografiado. Inspirada en las grandes fuentes de las plazas españolas e italianas, es un símbolo de la concienzuda planificación que dio forma al barrio.

La base de piedra coralina de la fuente y los acabados en estuco de tonos pastel reflejan la estética propia de Coral Gables, mientras su entorno -con banianos y casas históricas- es perfecto para disfrutar de un momento de paz o hacerse unas fotos. Está cerca de la Venetian Pool, que está al bajar la calle. De Soto Plaza es un lugar plácido para impregnarse de la belleza arquitectónica del barrio. Para una ruta panorámica completa, hay que bajar en coche o bicicleta por De Soto Blvd, flanqueado por algunas de las mansiones más espectaculares de la ciudad.

### Visitar el Lowe Art Museum

ARTE Y CULTURA

PLANO: 16 P. 118 **D6**

En el campus de la Universidad de Miami, el **Lowe Art Museum** *(lowe.miami.edu; adultos/niños 12,50 US$/gratis)* es una de las instituciones de arte más antiguas del sur de Florida, con una impresionante colección de 19000 obras, desde pinturas renacentistas a piezas de vidrio contemporáneas. Fundado en 1950 fue el primer museo de arte en Miami y sigue siendo un refugio para quienes quieren escapar de la masificación turística.

Destacan los artefactos precolombinos, las trabajadas cerámicas asiáticas y una colección de obras barrocas europeas y piezas de arte moderno estadounidense. A los amantes del arte les encantarán las esculturas de vidrio de Dale Chihuly, cuyas coloridas y ensortijadas formas aportan una agudeza contemporánea al entorno clásico. A diferencia de otros espacios de arte más despampanantes de Miami, Lowe ofrece un ambiente reposado e íntimo, para disfrutar con calma. Aparcamiento gratis en el campus, y la entrada es gratuita el primer martes de mes. Entre semana, los jardines de la universidad están muy bien para un paseo tranquilo después de visitar el museo.

SUGERENCIAS

# Lo mejor para...

$ Económico $$ Medio $$$ Alto

Localizaciones en el plano de la **p. 118**

## Comer

### Panaderías

**Madruga Bakery $**
17 B6
Panes artesanos y cruasanes de chocolate y avellanas. *madrugaorders.square.site, horario variable*

**Bachour $**
18 G1
Panadería de estética industrial con una extraordinaria y bonita bollería que da pena comérsela. *antoniobachour.com, 7.00-19.00*

**L'Artisane Bakery & Bistro $**
19 G2
Pastelitos franceses, *quiche* y los pecaminosos cruasanes Biscoff de mantequilla y galleta. *lartisanebakery.com, horario variable*

**Coral Bagels $**
20 H4
*Bagels* económicos y muy ricos en esta tienda familiar. *coralbagels.com, 7.00-15.00*

### Caprichos que valen la pena

**Shingo $$$**
21 H1
Restaurante *omakase* con solo 14 plazas, donde casi todo el pescado es fresco de Japón. *shingomiami.com, 18.00-23.00 ma-sa*

**Luca Osteria $$$**
22 G2
Un ganador de *Chopped* dirige este restaurante italiano famoso por su pasta y sus *negronis* en una zona peatonal. *lucamiami.com, horario variable*

### Para una cita romántica

**Fontana $$**
23 C4
Está en el histórico Biltmore Hotel para disfrutar de una elegante experiencia gastronómica en un patio alrededor de una fuente, con buena cocina italiana. *biltmorehotel.com, horario variable*

**NOMA Beach $$**
24 H6
En primera línea de mar, con una moderna carta italiana de pescado y marisco elaborada por la chef Donatella Arpaia. *noma-beach.com, horario variable*

**Zucca $$**
25 G1
En el corazón de Coral Gables, una genuina experiencia gastronómica italiana complementada por una extensa carta de vinos. *zuccamiami.com, horario variable*

**Bulla Gastrobar $$**
26 G2
Un ambiente animado con tapas españolas en versión contemporánea. *bullagastrobar.com, horario variable*

## Beber

### Acogedor e informal

**The Bar**
27 G2
Con un nombre así, solo cabe esperar un lugar oscuro, relajado y generoso con sus cafés hechos en frío y hamburguesas. Muy asequible. *15.00-3.00*

**Seven Seas**
28 A2
Garito de barrio de tema náutico donde codearse con personajes de distinto pelaje. *12.00-3.00*

### Titanic Brewing Company

29 B6

Cerca de la Universidad de Miami, este *pub*-cervecera llena cada noche, con ofertas *happy hour* cada día. *titanicbrewery.com, 11.30-0.00 do-ju, hasta 1.00 vi y sa*

## 'Lounges'

### Copper 29

30 G2

*Gastropub* retro en Miracle Mile con DJ, excelentes cócteles y posibilidad de servicio por botellas. *copper29bar.com, horario variable*

### Fox's Lounge

31 A6

Un clásico del sur de Miami desde 1946, con comida maravillosa, copas cargadas y ofertas cada día en un ambiente acogedor y retro. *foxslounge.com, 16.00-2.00*

### Don't Tell Papi

32 G2

Elegante salón de mixología y *speakeasy* muy neoyorquino, cuya entrada está en un callejón señalada con un poste barbero. *Horario variable*

## Música en directo

### The Globe

33 F2

El *jazz* en directo los sábados, la barra animada y los matices de café europeo convierten The Globe en una opción infalible. *theglobecafe.com, horario variable*

### The Biltmore Bar

34 C4

Sofisticado *lounge* enmaderado que ofrece licores *premium*, vinos de añada y conciertos los fines de semana. *biltmorehotel.com, 16.00-0.00 ma-ju, hasta 2.00 vi y sa*

# Comprar

## Centros comerciales

### Miracle Mile

véase 10 G2

Un tramo lleno de vida con *boutiques*, joyerías y tiendas, ideal para pasear, comprar y comer sin moverse de la calle. *Horario variable*

### Shops at Merrick Park

35 G6

Centro comercial de lujo al aire libre que cuenta con primeras marcas, *boutiques* de diseñadores y restaurantes elegantes. *shopsatmerrickpark.com, 11.00-20.00 lu-ju, hasta 21.00 vi y sa, hasta 18.00 do*

### Giralda Plaza

véase 11 G2

Paseo peatonal con tiendas a la última, galerías de arte y restaurantes, ideal para una tarde de curioseo. *Horario variable*

## Arte

### ArtLabbé Gallery

véase 19 G2

Galería contemporánea que exhibe las obras de artistas latinoamericanos y europeos, sobre todo abstractas y modernas. *artlabbe.cl.org, horario variable*

### Virginia Miller

36 G1

Con más de 50 años en su haber, esta galería expone arte local, a menudo con debilidad por lo internacional o lo hispano. *virginiamiller.com, 12.00-18.00 ma-vi*

### Cernuda Arte

37 G4

Galería superior especializada en arte cubano, desde la época colonial a obras contemporáneas. *cernudaarte.com, 10.30-18.00 lu-sa*

### HBenitez Fine Art Gallery

38 G2

Espacio íntimo que expone las pinturas atrevidas y expresivas del artista homónimo Humberto Benitez. *humbertobenitez.com, horario variable*

★ MERECE LA PENA

# Little Haiti, Upper East Side y Little River

Estos barrios son refugios de cultura caribeña, arquitectura *mid-century* y creatividad emergente. Little Haiti vibra con los sonidos del *compas* (género musical haitiano) y murales urbanos. Upper East Side luce impresionantes edificios de estilo *Miami modern* (MiMo) por Biscayne Boulevard. Por su parte, Little River, antaño una zona fabril, es ahora un epicentro de creatividad con mercados y *boutiques.*

**CONSEJO**

Como cada barrio tiene su propio ambiente, se les puede dedicar un día entero. De día se puede pasear por Little Haiti y Upper East Side, y reservar la tarde para ir de compras y de restaurantes por Little River.

Escanea este código QR para la programación del Little Haiti Cultural Center.

## Little Haiti: cultura, arte y vudú

En Little Haiti vive la mayor comunidad haitiana de América del Norte, y su corazón palpita con fuerza en el **Little Haiti Cultural Center** *(miami.gov/LHCC).* El centro acoge exposiciones temporales, espectáculos de danza y teatro y un mercado caribeño donde venden *epis,* un popular condimento haitiano. Al lado, **Caribbean Marketplace** reproduce el icónico Marché de Fer de Puerto Príncipe, maravilloso para comprar artesanías.

Para profundizar en las raíces espirituales afrocaribeñas del barrio, hay que visitar alguna "botánica", tiendas que venden artículos vinculados con el vudú. El vudú aquí es una forma de vida, y en muchas tiendas hay imágenes de *loas* que representan a espíritus protectores y guías. Los aficionados a las letras deberían pasar por la acogedora **Libreri Mapou,** especializada en títulos en francés, inglés y criollo haitiano.

## Upper East Side: MiMo y lujo moderno

Upper East Side, que comprende Biscayne Blvd desde 50th St a 77th St, es un tesoro arquitectónico de estilo MiMo. Muy de moda a mediados del s. xx, los hoteles y *diners* del barrio han sido restaurados, como el **Vagabond Motel** (foto) y el

OLGA V KULAKOVA/SHUTTERSTOCK ©

**MiMo Biscayne Boulevard Historic District,** que hacen un guiño al pasado de Miami con nostalgia. **Upper Buena Vista** es un enclave comercial al aire libre con notas de elegancia y enormes árboles que dan sombra a *boutiques* de artículos para el hogar, joyas y moda únicos. **Sweat Records,** una tienda de discos independiente, lleva casi veinte años siendo un referente.

## Little River: el próximo exitazo

Colindante con Little Haiti, es el epicentro creativo que empieza a despuntar en la ciudad. Este otrora barrio industrial alberga ahora mercados elegantes y *concept stores* vanguardistas. Se puede empezar en **The Citadel,** una zona de restauración y mercado donde desfilan los mejores chefs locales. Después, hay que visitar **Walter's Mercado,** un cuidado espacio con tiendas de moda y diseño global, y **Mids Market,** un paraíso para los amantes de la segunda mano y los diseñadores autodidactas, donde se pueden personalizar las compras.

**UNA PAUSA**
**Imperial Moto** es una cafetería de especialidad inesperada, con su grano de tueste propio, y motocicletas clásicas en su moderno interior. Su bollería y sus cafés hechos en frío revitalizan a cualquiera.

★ MERECE LA PENA

# Everglades

El Everglades National Park *(nps.gov; 20/35 US$ por persona/vehículo)* ocupa una enorme extensión del sur de Florida y es un plácido paraíso de humedales, juncales y manglares. Se puede salir de excursión en hidrodeslizador, canoa, kayak o incluso en "tranvía". El parque tiene cuatro entradas. La más popular es la de Shark Valley, a 45 min en coche de Downtown Miami.

**CONSEJO**
Alquilar un coche para ir al parque nacional da más libertad para descubrir curiosas atracciones junto a la carretera, senderos y plácidos parajes.

## Una tierra salvaje única

No hay nada en el mundo como los Everglades. Llamado el "río de hierba" por los indígenas, no es solo un humedal, un lago, un río o una pradera: es todo eso a la vez que, entrelazado, compone horizontes difusos, vistas infinitas y atardeceres incendiarios. La calma majestuosidad del parque se hace evidente al contemplar una anhinga abriendo sus alas relucientes al sol de la mañana o el lento y rítmico aleteo de una garza azulada planeando sobre una espejada pradera. Fuera de la bahía de Florida, los humedales ceden el paso a lechos marinos poco profundos donde los manatíes burbujean y las aves marinas anidan. Los Everglades se enfrentan a amenazas como la intrusión urbanística, las especies invasoras y la agricultura, pero gracias a incansables esfuerzos, ya no se duda de su importancia. Aparte de un lugar para el recreo el parque es vital para el almacenamiento de agua de la región y el control de inundaciones.

Escanea este código QR para conocer los circuitos por el parque y las horas de cierre.

## Geografía y entradas: cuatro caminos a una tierra indómita

El Everglades National Park abarca 607 029 Ha; es el tercer mayor parque nacional de EE UU

FRANCISCO BLANCO/SHUTTERSTOCK

continental. Tiene cuatro entradas principales, y cada una invita a experiencias diferentes. El **Shark Valley Visitor Center,** al oeste de Miami, es la entrada al Shark River Slough, donde está la asfaltada Tram Road de 24 km, ideal para circuitos en bicicleta y en "tranvía". Del **Gulf Coast Visitor Center,** en Everglades City, salen los barcos a Ten Thousand Islands, un laberinto de islotes de manglares y refugio natural para miles de aves. En las afueras de Homestead, el **Royal Palm Visitor Center** da acceso a rutas de senderismo más cortas, con pasarelas entre los juncales. El **Flamingo Visitor Center,** 64 km al suroeste de Royal Palm, es un punto de partida de rutas a remo, avistamiento de manatíes y acampada libre. Para aprovechar al máximo los Everglades, se recomienda visitarlo por sus cuatro entradas.

**UNA PAUSA**
Al oeste de Homestead, el **Robert is Here Fruit Stand and Farm** es un referente en todo el estado por sus frutas exóticas y sus licuados y batidos recién hechos.

**LOS MITOS**
La lejanía de los Everglades alimenta las leyendas: Capone fabricaba alcohol ilegal en la Lost City; y dicen que hay apariciones cerca del lugar donde se estrelló el vuelo 401 de Eastern Airlines.

## En bicicleta y en tranvía por Shark Valley

Muchos visitantes entran a los Everglades por **Shark Valley,** que no debe su nombre a los tiburones (*shark* en inglés) sino a su ubicación en la cabecera del río Shark, que desemboca en el golfo de México. Su gran reclamo es la ruta circular de 24 km que se adentra a Shark River Slough. Por el camino, se pasará por riachuelos, bosques tropicales y canteras, agujeros artificiales donde ahora hay caimanes, tortugas y aves zancudas. La maravilla del sendero es la **Shark Valley Observation Tower** (foto), de 14 m, una torre brutalista de hormigón con grandes vistas. Como el sendero es llano, es ideal para ir en bicicleta, que se alquilan en el centro de visitantes. Otra opción, más fácil, es el **circuito en tranvía**

de 2 h, guiado por personas entendidas y divertidas. Si no se tiene mucho tiempo, es una buena opción. Se recomienda reservar en ambos casos, sobre todo en invierno cuando el parque está más concurrido.

## Los miccosukee y el centro cultural

Los Everglades han estado habitados durante más de 15000 años, mucho antes de la colonización europea. Hoy, el **Miccosukee Indian Village** *(miccosukee.com; adultos/niños 15/10 US$)*, a unos 800 m de Shark Valley, da a conocer la historia y el legado del pueblo miccosukee. En la aldea hay un museo con abalorios, fotografías y artefactos, y también ofrece demostraciones éticas con caimanes que subrayan la importancia

TAKMAT71/SHUTTERSTOCK

### CÓMO LLEGAR

Llegar a Shark Valley desde Downtown Miami es fácil: son 40 min en coche por la US-41 (Tamiami Trail) al oeste. Como no hay transporte público, solo se puede ir con transporte propio o en un circuito. Para entrar por Royal Palm, hay que ir 55 min al sur por la US-1 hasta la FL-9336. Las entradas de Everglades City y Flamingo están a 1½ h.

AFMARCOS/SHUTTERSTOCK ©

**REPTILES**
Los Everglades son el único sitio donde cohabitan caimanes y cocodrilos. Los caimanes son más oscuros, con hocicos más anchos, y viven en agua dulce; los cocodrilos, más claros y con hocicos estrechos, habitan en agua dulce y salada.

cultural de estos animales. Asimismo, se ofrecen sesiones de cuentacuentos, artesanías y alimentos tradicionales. Los miccosukee también gestionan el **Miccosukee Casino & Resort,** 32 km al este por el Tamiami Trail.

## Hidrodeslizador: el recorrido emblemático por los Everglades

Si los Everglades tuvieran un vehículo oficial, sería este. Por el Tamiami Trail se suceden las señales que anuncian circuitos en hidrodeslizador, embarcación de fondo plano propulsada por enormes ventiladores de hélice. Estas naves se deslizan sin esfuerzo sobre las aguas cubiertas de hierba y nenúfares, una manera fácil de acercarse a la fauna de los Everglades, donde solo se escuchará el zumbido de la hélice, el chapoteo del agua y las llamadas de aves que no se ven. Solo hay tres compañías que operan en el parque nacional: **Gator Park** *(gatorpark.com)*, **Everglades Safari Park** *(evergladessafaripark.com)* y **Coopertown Airboats** *(coopertownairboats.com)*. Fuera del parque, hay otras muchas que gestionan circuitos, la mayoría con embarcaciones para doce personas a la sombra de un toldo. Las hay que ofrecen recorridos privados para grupos reducidos. Si se viaja con niños, se aconseja sentarse en medio de la embarcación para alejar las manos del alcance de los animales.

## Navegar entre las 10 000 islas

**Ten Thousand Islands** es una de las zonas agrestes más asombrosas de Florida, un laberinto de islotes de manglares que se pierde en el horizonte. La mejor manera de conocerla es en barco. El Gulf Coast Visitor Center, en Everglades City, es el principal punto de partida para las excursiones. Aunque el centro ha sufrido daños recientes por un huracán, aún ofrece circuitos con **Everglades Florida Adventures** *(evergladesfloridaadventures.com)*, excursiones en catamarán de 90 min por Chokoloskee Bay y el Indian Key Pass. También se alquilan kayaks y canoas por horas o para expediciones de varios días. **Everglades Adventures Kayak & Eco Tours** *(evergladesadventures.com)* propone circuitos a remo, desde excursiones de 2-3 h a salidas con acampada en islas remotas. El avistamiento de animales en Ten Thousand Islands es extraordinario, con delfines mulares deslizándose por las aguas, águilas pescadoras y pigargos americanos surcando los cielos, tortugas bobas desovando en islas y garzas azuladas, caimanes y hasta el escurridizo cocodrilo americano en los bajíos.

### LA PROTECTORA

Marjory Stoneman Douglas defendió la conservación de los Everglades mucho antes de que fuera popular. Su libro *The Everglades: River of Grass* (1947) redefinió los humedales como tesoro nacional. En 1969, fundó Friends of the Everglades, una organización sin ánimo de lucro que aún lucha por su preservación.

### EL HIDRODESLIZADOR

Alexander Graham Bell diseñó el primer hidrodeslizador en 1905. Aunque lento, permitía viajar por las aguas con más seguridad. En la década de 1930, se perfeccionó el diseño en Florida, convirtiéndolo en el transporte predilecto de los Everglades.

★ MERECE LA PENA

# Cayo Vizcaíno

Cual reluciente joya en la bahía que le da nombre, Cayo Vizcaíno (Key Biscayne), contiguo a Cayo Virginia (Virginia Key), permite escapar rápida y fácilmente de Downtown Miami. Tras cruzar algunas carreteras elevadas, enseguida se notará que se ha cambiado Miami por un barrio residencial flotante con playas magníficas, senderos frondosos en parques estatales y muchas aventuras acuáticas.

**CONSEJO**

Se recomienda explorarlo en coche o bicicleta porque hay poco transporte público. Hay que llegar pronto para conseguir un aparcamiento, sobre todo los fines de semana, y llevar repelente de insectos para los senderos naturales.

Escanea este código QR para mapas de la zona e información práctica.

## Una escapada tranquila con un lado salvaje

El **Virginia Key Beach North Point Park** es un plácido espacio verde con playitas solitarias y cortos senderos naturales. Es una gran idea alquilar kayaks o tablas de surf de remo en el **Virginia Key Outdoor Center** y remar por los túneles de manglares o hacia la bahía, donde aparecen delfines y manatíes. El parque también cuenta con algunos de los mejores caminos de ciclismo fuera de pista de la región para zigzaguear entre *hammocks* costeros y playas.

Aunque gran parte de Cayo Virginia esté sin urbanizar, aquí está el Miami Marine Stadium, una reliquia que antaño acogía carreras de lanchas y conciertos y hoy, cubierto de grafitis, entusiasma a fotógrafos y exploradores urbanos.

## La joya de la corona de Cayo Vizcaíno

El **Crandon Park** se extiende por 486 Ha de *hammocks* costeros, manglares y una inmaculada playa de 3,2 km. A diferencia de las concurridas playas de South Beach, las de aquí permiten vivir una experiencia más relajada y natural. Las aguas calmas y poco profundas son ideales para familias y bañistas que buscan un remanso de paz. Aquí también estuvo el único zoo de Miami, como testimonian los recintos hoy abandonados de los animales. Aparte de la playa, los senderos invitan a

OCUDRONE/SHUTTERSTOCK ©

una inmersión en el ecosistema del sur de Florida, con pasarelas que cruzan tupidos manglares. Y para tener otra perspectiva de este tramo de la bahía, se puede alquilar un kayak o una tabla de surf de remo y descubrir las aguas costeras.

## Una ventana al lado salvaje del sur de Florida

En el Crandon Park, el **Marjory Stoneman Douglas Biscayne Nature Center** es un lugar que entusiasma a familias y amantes de la naturaleza. El centro cuenta con exposiciones interactivas, pequeños acuarios y paseos guiados por los *hammocks* costeros y el pasto marino. Los programas educativos subrayan la fragilidad del ecosistema de la bahía Vizcaína. Pasado el centro, hay una playa tranquila con aguas cristalinas y poco profundas donde los pámpanos de Florida pasan como dardos entre los pies, convirtiendo este sitio en un lugar para aprender y conectar con la belleza natural de Cayo Vizcaíno.

**UNA PAUSA**

Parar en **La Boulangerie Boul'Mich,** un acogedor café franco-hispano conocido por sus hojaldrados cruasanes y rico café con leche, un bonito sitio para recargar las pilas después de una visita a Cayo Vizcaíno y antes de regresar a la ciudad.

citibike
#unlockmiami

# Guía práctica



LAZYLLAMA/SHUTTERSTOCK ©

# Viajar en familia

En Miami hay muchas atracciones para los viajeros más jóvenes, como playas preciosas, parques de césped, senderos naturales, centros comerciales y zoológicos. También se pueden vivir experiencias con animales, y tampoco faltan los tentempiés, de arepas venezolanas a *gelato* italiano. La ciudad también tiene muchos hoteles y restaurantes familiares.

## Vacaciones en la playa sin gastar mucho

Viajar en familia a Miami puede ser asequible, con playas, parques y circuitos gratuitos. Se puede optar por un alojamiento con cocina para ahorrar en comidas. Muchas atracciones y museos tienen días gratuitos o con descuentos.

## Encuentros con animales

Encontrarse con animales en Miami y en el sur de Florida es habitual, ya sea buceando o viendo caimanes al sol en un lago cualquiera. En cuanto a las salidas organizadas, los niños deben acatar las normas. En la naturaleza, deben alejarse de los animales y no molestarlos.

## Diversión todo el año

**Greater Miami Convention & Visitors Bureau** *(miamiandbeaches.com)* actualiza una guía todo el año con los últimos eventos y festivales para toda la familia.

## INSTALACIONES PARA NIÑOS

Muchos hoteles ofrecen cunas, tronas, servicio de canguro e incluso clubes infantiles, y los restaurantes se adaptan a las necesidades de los niños. Las atracciones tienen senderos aptos para cochecitos, y en las playas públicas hay parques infantiles, zonas a la sombra y aseos familiares, para que todo sea más cómodo y divertido.

## Descuentos

Los niños viajan gratis o con descuentos en el transporte público, tarifas de grupo en atracciones y abonos más económicos como Go City Miami.

## Salidas en hidrodeslizador con niños

Una excursión en hidrodeslizador con la familia por los Everglades es emocionante. Los niños deberían quedarse sentados y seguir las instrucciones del guía. Hay que llevar tapones para los oídos, protección solar, sombreros y repelente de insectos. Para que la experiencia sea segura y divertida, mejor escoger circuitos familiares con guías especializados.

# Alojamiento

En Miami uno puede alojarse por todo lo alto, en una acogedora casa, en hoteles *art déco* restaurados o en resorts de lujo.

## Si te gusta...

### Sol, arena y neón

**Miami Beach** (p. 35) Icónica por sus hoteles *art déco,* su animada Ocean Dr y su playa; la zona predilecta para los amantes del sol y de la fiesta. Aquí hay desde albergues económicos a resorts de lujo a pie de playa.

### Rascacielos y ubicación céntrica

**Downtown Miami** (p. 53) Rascacielos, museos y los mejores restaurantes. Fácil acceso al Kaseya Center, al Bayfront Park y a los núcleos de transporte público. Altos hoteles modernos, enfocados a clientes en viaje de negocios o de vacaciones.

### Arte urbano y ambiente independiente

**Wynwood** (p. 73) El inquieto epicentro del arte de Miami, Wynwood, está lleno de murales coloridos, cerveceras artesanas y lo último en vida nocturna. Hay hoteles más pequeños y alojamientos tipo *loft* para quienes quieran un entorno creativo.

### Cultura y baile cubanos

**Little Havana** (p. 93) Crisol de culturas, con música latina, ventanitas para pedir un cafecito y monumentos históricos. Hoteles, algunos pequeños, para estancias sencillas.

### Remanso de paz y lujo

**Coral Gables** (p. 117) Es elegante y, en comparación, tranquilo, con jardines exuberantes y calles exclusivas. Encantadores hoteles-*boutique* con un ambiente más informal.

**IMPRESCINDIBLE**

**Nos encanta...**

**Miami Beach** (p. 35) Cuando la gente piensa en Miami, imagina arenas blancas, gente de todo tipo, luces de neón y noches atronadoras. Así que, ¿por qué no estar en pleno meollo? Miami Beach es una ciudad en sí misma, independiente de Miami, con su propio ambiente e infraestructuras. Es un lugar lleno de vida.

**CUÁNTO CUESTA**

Cama en dormitorio colectivo de albergue desde **30 US$**

Hotel-*boutique* de precio medio desde **150 US$**

Resort de lujo a pie de playa desde **300 US$**

# Comida, bebida y fiesta

## Alergias e intolerancias

La oferta gastronómica de Miami es muy amplia. Quienes tengan alergias, deberían revisar siempre las opciones. Muchas cartas indican claramente los alérgenos, sobre todo en restaurantes de precio alto y de comida saludable. Además, en muchos restaurantes, se pregunta antes al cliente. En caso de duda, hay que informar al camarero.

## Cultura del cafecito

El cafecito cubano, un pequeño pero potente café exprés con azúcar, se sirve en ventanitas de toda la ciudad. Aquí la gente se toma su café muy en serio, ya sea una colada (en vaso grande) o un cortadito (cortado).

**AGUAS A ELEGIR**

En la mayoría de los restaurantes de Miami, se podrá escoger entre agua sin gas, con gas y de grifo. La última no se suele cobrar.

**VESTIRSE PARA LA OCASIÓN**

Aunque Miami es un destino donde confluyen informalidad y elegancia, hay restaurantes con estrictos códigos de vestimenta que no permiten, por ejemplo, entrar con gorra de béisbol, bañador y/o chanclas. Mejor preguntar al hacer la reserva o consultar su sitio web.

## Reservas

Se recomienda reservar con tiempo, sobre todo para cenar en lugares populares de Miami Beach, Wynwood y Brickell. Muchos restaurantes de categoría piden una tarjeta de crédito para asegurar la reserva. No hace falta reservar en cafés cubanos y taquerías informales, pero la espera puede ser larga en horas punta.

## Pagar la cuenta

Se lleva la cuenta a la mesa cuando se ha acabado de comer o si se pide. Y se paga enseguida, sobre todo en los restaurantes más concurridos.

**Dividir la cuenta** Algunos restaurantes lo permiten, pero es mejor preguntarlo antes. Hay muchos establecimientos de categoría que solo aceptan una tarjeta de crédito por mesa.

**Propinas** El servicio no siempre está incluido. En los restaurantes se deja una propina del 15-20% o más. Hay algunos, sobre todo en Miami Beach, que añaden la propina automáticamente, por lo que se recomienda revisar la cuenta para no dejar propina de más.

**PRECIOS**

Los siguientes corresponden al precio medio de un plato principal.

**$** menos de 15 US$

**$$** 15-35 US$

**$$$** más de 35 US$

**HORARIOS**

**Cafés**
7.00-18.00

**Restaurantes**
11.00-22.00, aunque algunos cierran más tarde

**Comida rápida**
11.00-24.00 o más tarde

## Salir

### Vida nocturna

Legendaria, con opciones desde discotecas trepidantes a coctelerías escondidas. Miami Beach es famosa por sus macrodiscotecas, Wynwood tiene acogedoras salas de conciertos como Gramps, y Downtown es donde está el megaclub E11EVEN Miami, abierto 24/7.

**Cuándo ir** Las discotecas se llenan después de medianoche, sobre todo entre 1.00 y 3.00.

**En la puerta** Estrictos códigos de vestimenta en las discotecas de lujo –tipo zapatos de tacón o camisas con cuello–. Algunas exigen a los grupos grandes que reserven una mesa, y conseguir que el portero deje pasar es difícil si uno no está inspirado.

**Qué beber** Lo que más se pide son mojitos, piñas coladas, espresso martinis y el clásico cubalibre. En las coctelerías preparan excelentes copas de ron, pero en los lugares de playa prefieren los daiquiris y las margaritas. Miami también cuenta con una oferta estelar de cerveza artesana, entre ellas Wynwood Brewing, Cervecería La Tropical y J. Wakefield.

## CUÁNTO CUESTA

**Cena para dos en un restaurante con estrella Michelin**
700-800 US$

**Porción de tarta de lima de los Cayos**
7-10 US$

**Cafecito**
1-3 US$

**Café de especialidad**
6-8 US$

**Botella de cerveza**
7-9 US$

**Copa de vino**
10-12 US$

**Sándwich cubano**
10-12 US$

**Libra de cangrejo moro**
70-90 US$

# Comunidad LGTBIQ+

Miami sigue siendo un destino LGTBIQ+ de primera, con comunidades inclusivas y una escena vibrante y acogedora.

## Barrios

**Miami Beach** es el punto de encuentro LGTBIQ+ por excelencia, sobre todo en 12th St y Ocean Dr, sembradas de banderas arcoíris. Es el corazón de la vida nocturna gay, con discotecas trepidantes, *brunches* de *drag queens* y coctelerías frente al océano.

**Wynwood** atrae a una clientela progre y creativa, con su mezcla de arte, música y espacios inclusivos. Los bares LGTBIQ+, los *speakeasies* subterráneos y los vigorosos espectáculos de *drag queens* –sobre todo el *drag brunch* del **R House** (p. 83)– ayudan a definir la escena del barrio.

**Downtown y Brickell** ofrecen un ambiente más refinado y exclusivo, con elegantes *lounges* de azotea, cócteles de autor y fiestas toda la noche. **Club Space** y **Blackbird Ordinary** (p. 71) son dos de los favoritos con fama de tener una clientela diversa y acogedora y un ambiente festivo.

### IMPRESCINDIBLE

**Entre semana**

**MARTES Trivia Night en Nathan's Bar** Una noche de trivial y cócteles conducida por *drag queens*.

**MIÉRCOLES Drag Bingo en Hotel Gaythering** Actuaciones y premios premios atrevidos, público festivo.

**JUEVES Double Stubble en Gramps** (p. 84) Icónica noche *queer* de Wynwood con DJ y música en directo.

**VIERNES Midnight Latin Nights en Azúcar** *Drag queens*, reguetón y bailoteo sin fin.

### PRIDE

Cada abril, el Miami Beach Pride transforma Ocean Dr en una fiesta arcoíris, con pasacalles, fiestas y *drag queens*. Los eventos congregan a 200 000 asistentes en una semana trepidante.

### UNA FIESTA DE INVIERNO

En febrero/marzo, antes del Pride, se celebra la Winter Party, que atrae a miles de personas para una semana de fiestas en la playa, baile y celebraciones LGTBIQ+.

## Recursos

**LGBT Visitor Center** Un referente para la escena LGTBIQ+ de Miami. *gogaymiami.com* • **Greater Miami Convention & Visitors Bureau LGBTIQ+ Guide** Una guía exhaustiva sobre las atracciones *gay-friendly* de Miami. *miamiandbeaches.com* • **hotspotsmagazine.com** Publicación LGTBIQ+ esencial con noticias sobre fiesta, cultura y comunidad.

# Salud y seguridad

Miami tiene los habituales problemas de delincuencia de una gran ciudad. Dicho esto, solo hay que ser cauto y aplicar el sentido común.

**SEGURO**

Para ir a Florida no hace falta un seguro de viaje, pero como la atención médica en EE UU es cara, no estaría de más ir sobre seguro. Quizá se quiera contratar una póliza que incluya la pérdida de equipaje, las cancelaciones de viajes y actividades de aventura como submarinismo y navegación.

## Huracanes

El sur de Florida se ve afectado por los huracanes, sobre todo en temporada, de junio a noviembre, con el pico en agosto y septiembre. Estas tormentas traen lluvias torrenciales, vientos muy fuertes y marejadas ciclónicas que pueden causar daños importantes y ser peligrosos. Hay que mantenerse informado y seguir las indicaciones oficiales durante las emergencias.

**Agua del grifo**

Se puede beber, pero puede tener un sabor mineral, de ahí que muchos prefieran la embotellada.

## Medusas y erizos

Estas criaturas pueden ser arrastradas hacia la costa, sobre todo después de las tormentas. Las picaduras son dolorosas pero raras veces peligrosas. Hay que quitar los tentáculos o espinas con unas pinzas, sumergir la herida en agua caliente y utilizar vinagre para las picaduras de medusa. Y buscar atención médica en caso de dolor intenso, reacciones alérgicas o espinas muy incrustadas.

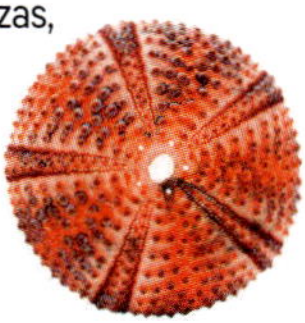

**CANNABIS**

El cannabis para uso recreativo es ilegal en Florida. Solo los pacientes con receta de marihuana medicinal pueden comprarla legalmente. La posesión de hasta 20 g es un delito menor, con posibles multas o penas de cárcel.

**A TENER EN CUENTA**

**Bebidas**

Mucho ojo con las bebidas adulteradas en bares y discotecas.

**Seguridad**

Asegurar siempre las bicicletas con un candado, en zonas de mucho o poco tráfico.

**Peatones**

Tienen prioridad de paso, pero hay que estar atentos a los conductores agresivos, incluso en los pasos cebra.

# Turismo responsable

Seguir estos consejos permite dejar menos huella, apoyar los comercios locales y tener un impacto positivo en los barrios.

## Voluntariado

Si durante la visita se quiere aportar algo, se puede trabajar como voluntario en organizaciones que preservan los ecosistemas de la zona.

Por ejemplo, está **Miami Waterkeeper** *(miamiwaterkeeper.org)*, que aboga por el agua limpia y un saludable ecosistema marino en Miami y más allá. Los voluntarios ayudan a limpiar playas, plantar mangles y en iniciativas para mantener las vías navegables sin polución.

## Playas limpias

Hay papeleras en la entrada de determinadas playas. De no haberlas, se puede llevar una bolsa para llevarse los residuos.

IMPRESCINDIBLE

**Alojamientos sostenibles**

Se recomienda escoger alojamientos con el certificado de sostenibilidad, como **1 Hotel South Beach**, que además de chic es ecológico.

## Transporte

Utilizar transporte ecológico siempre que sea posible. Las distancias cortas se pueden recorrer en bicicleta (se alquilan por toda la ciudad) o a pie. Muchas zonas están adaptadas para ir en bici, aun así siempre hay que ir con precaución.

Se alquilan canoas y kayaks en parques estatales y en determinados hoteles.

Los hidrodeslizadores son una parte integral de la vida en el sur de Florida, un medio indispensable para disfrutar de los humedales. No obstante, su uso genera preocupaciones: son ruidosos y perturban la fauna local. Antes de contratar una excursión, conviene informarse bien y plantearse alternativas como circuitos en embarcación de remo o en bicicleta o a pie.

## BUCEO Y SUBMARINISMO RESPONSABLE

Reservar con un operador de buceo o submarinismo con credenciales Blue Star garantiza que la compañía promueve y cumple con las prácticas sostenibles para mitigar el daño a los arrecifes coralinos.

## Respetar las tortugas marinas

Ver tortugas marinas en Miami es un espectáculo fascinante, sobre todo durante la temporada de anidación (may-oct). Sin embargo, es esencial respetar su espacio, porque molestarlas no solo es perjudicial sino también ilegal. Hay que evitar acercarse mucho, usar luces o hacer fotografías con *flash,* porque esto puede desorientar a las tortugas madres y a las crías que intentan llegar al océano. Muchos hoteles y negocios costeros utilizan luces naranjas para no alterar su entorno natural. Si se encuentra a una tortuga desovando o a crías, hay que observarlas desde la distancia y dejar que la naturaleza siga su curso.

### PUEBLOS INDÍGENAS DE LA ZONA

**Miccosukee Indian Village** (p. 137) ofrece experiencias culturales que ilustran la historia de los indígenas. Todas las ganancias benefician directamente a la comunidad.

### Recursos

**Wearefcc.org** La Florida Conservation Coalition.

**Eco-usa.net/orgs/fl.shtml** Lista alfabética de organizaciones medioambientales de Florida.

**Everglades Coalition** Organizaciones sin ánimo de lucro que protegen y restauran los Everglades.

## El cambio climático y los viajes

Es imposible ignorar el impacto de nuestros viajes y la importancia de hacer cambios. Lonely Planet anima a todos los viajeros a involucrarse en su huella de carbono. Muchas webs de líneas aéreas y sitios de reservas ofrecen la opción de compensar el impacto de los gases de efecto invernadero realizando donaciones para iniciativas respetuosas con el clima en todo el mundo.

La **calculadora de la huella de carbono de la ONU** muestra el impacto de los vuelos en las emisiones.

La **calculadora de emisiones de carbono de la OACI** permite calcular el $CO_2$ generado en un viaje determinado.

# Accesibilidad

## Playas que cumplen con la ADA (Ley de Estadounidenses con Discapacidades)

Es fácil acceder en silla de ruedas a muchas playas populares porque cuentan con rampas de acceso a las pasarelas. Algunas ofrecen sillas de ruedas de playa gratuitas y Mobi-Mats: esterillas rígidas que entrelazadas crean caminos sobre la arena. En Miami Beach, playas como la del **Crandon Park** (p. 140) tienen caminos accesibles y sillas de ruedas de playa manuales.

## Movilidad en alta mar

Los problemas de movilidad no tienen por qué impedir pasarlo bien en el agua. Por todo el estado hay catamaranes accesibles y salidas para navegar adaptadas, también a vela, con proveedores que lo ponen fácil como **Shake-A-Leg Miami** *(shakealegmiami.org)*.

### IMPRESCINDIBLE

**Vizcaya Museum & Gardens** (p. 105) combina historia y naturaleza, y asegura la accesibilidad. La finca cuenta con caminos adaptados a sillas de ruedas para que todos los visitantes conozcan sus alegres jardines. Dentro de la mansión, un ascensor lleva a zonas clave, y las guías en braille ayudan a los visitantes invidentes. Dispone de dispositivos de asistencia auditiva (ALD) para las visitas guiadas y admiten perros guía.

### VISITANTES CON PROBLEMAS DE VISIÓN

Cada vez hay más guías y señales en braille en las atracciones turísticas. La ley estatal exige que todas las instalaciones públicas permitan la entrada de perros guía, y muchos dueños de establecimientos de Florida también admiten mascotas.

## Aeropuerto

El **aeropuerto internacional de Miami** facilita caminos libres de barreras y servicios accesibles en sus terminales, incluido un servicio de asistencia para personas con movilidad reducida en zonas designadas. De necesitar una silla de ruedas al llegar, hay que pedirla con antelación.

### DISPOSITIVOS DE ASISTENCIA AUDITIVA

Muchas atracciones ofrecen servicios en lenguaje de signos con reserva previa. El **Pérez Art Museum Miami** (p. 56) facilita dispositivos de asistencia auditiva (ALD), y dispone de guías impresas para circuitos por museos y galerías.

## Recursos

- **Visit Florida** *(visitflorida.com/things-to-do/accessible-travel)* proporciona una amplia lista de atracciones accesibles de Miami, junto con recursos para alquiler de sillas de ruedas y patinetes, servicios de guardería y suministro de oxígeno.

# Lo esencial

## Horario comercial

**Bancos** 9.00-17.00, lu-vi. Algunos abren los sábados por la mañana.

**Museos** 10.00-17.00; en días concretos algunos amplían el horario por la tarde. Muchos cierran los lunes.

**Restaurantes** Almuerzo 12.00-15.00, cena 17.00-22.00. Locales y bares informales pueden cerrar mucho más tarde.

**Tiendas** 10.00-20.00, lu-sa. Algunas abren los domingos.

**Bares/discotecas** Muchos abren hasta las 2.00 y algunos, hasta las 5.00 o más tarde.

### A TENER EN CUENTA

**Zona horaria** Hora estándar del este (GMT/UTC -5h)

**Prefijo telefónico de la ciudad** 305 y 786

**Emergencias** 911

**Población** 2,7 millones de hab.

### ELECTRICIDAD

Tipo A
120V/60Hz

Tipo B
120V/60Hz

## Fiestas oficiales

En Florida hay ocho fiestas oficiales al año. En estas fechas, las oficinas oficiales y la mayoría de los negocios (salvo los servicios esenciales) cierran.

**Año Nuevo** 1 de enero

**Día de Martin Luther King Jr.** 3er lunes de enero

**Día de los Caídos** Último lunes de mayo

**Día de la Independencia** 4 de julio

**Día del Trabajo** 1er lunes de septiembre

**Día de los Veteranos** 11 de noviembre

**Acción de Gracias** 4° jueves de noviembre

**Navidad** 25 de diciembre (si Navidad cae en domingo, el lunes siguiente también es fiesta)

## Fumar y vapeo

Está prohibido fumar en la mayoría de los establecimientos, como restaurantes y bares. En muchas playas y parques de Miami también se prohíbe fumar. Las mismas restricciones se aplican al vapeo, así es que antes de usar un cigarrillo electrónico se deberían consultar las normas o señalización locales.

# Índice

**Puntos de interés p. 000**
Págs. de los planos **p. 000**

Véanse también los subíndices:
**Comer p. 156**
**Beber p. 157**
**Comprar p. 157**

## Comer

## Beber



## Comprar

## La opinión del lector

Nos encanta escuchar a los viajeros, ya que con sus comentarios nos ayudan a mejorar nuestros libros. Podéis escribirnos a lonelyplanet.com/contact; leemos todos los mensajes y garantizamos que estos lleguen a los autores.

Nota: Es posible que algunos fragmentos de estos mensajes aparezcan en nuevas ediciones de las guías Lonely Planet, en la web o en productos digitales. Si preferís que vuestro contenido o nombre no sean publicados, por favor, indicadlo claramente. Para obtener una copia de nuestra política de privacidad, podéis visitar lonelyplanet.com/legal.

**geoPlaneta**
Av. Diagonal 662-664, 08034 Barcelona
www.geoplaneta.com – www.lonelyplanet.es

**Lonely Planet Global Limited**
Lonely Planet Global Limited, Digital Depot,
The Digital Hub, Dublín D08 TCV4, Irlanda
www.lonelyplanet.com
Contacta con Lonely Planet en: lonelyplanet.com/contact



**Miami de cerca**
2ª edición en español – septiembre del 2025
Traducción de *Pocket Miami*, 3ª edición – septiembre del 2025

1ª edición en español – mayo del 2018

**Editorial Planeta, S.A.**
Av. Diagonal 662-664, 7º. 08034 Barcelona (España)
Con la autorización para la edición en español de Lonely Planet Global Limited, Digital Depot,
The Digital Hub, Dublín, D08 TCV4, Irlanda



ISBN: 978-84-08-30596-5
Depósito legal: B. 10.387-2025
Impresión y encuadernación: Unigraf
*Printed in Spain* – Impreso en España